「黙示録」最終章

高村博山◎著
Takamura Hakuzan

たま出版

はじめに

今から数年前の平成十五年に、私はあるジャーナリストの熱心な勧めに応じて取材を受け、それが一冊の本となった。『平成二十年、危機が訪れ、人類は淘汰される』（小川圭輔著・たま出版刊）がそれである。それまでずっとマスコミの取材を拒み続けてきたが、差し迫る危機を目前にして、滅亡の危機を回避し、人類が覚醒してほしいとの強い願いからであった。断るまでもなく、それは私個人の願いではなく、私に臨在する神の願いであった。

その本は出版と同時に大きな反響を呼び、またたく間に完売となった。その後、本の中で警鐘を鳴らしたことが私の予想をはるかに上回るスピードで現実化してきているのに、ずっと愕然とさせられてきた。

例えば、地球の温暖化、大気汚染、オゾン層の破壊等、あるいは大規模な洪水、地震、竜巻等の自然災害の頻発、さらにはエイズ、鳥インフルエンザといった新種の病原菌による奇病の発生等々、地球を取り巻く環境は悪化の一途をたどっている。

だが、われわれの生命を脅かす要因はそれだけではない。世界に目を向ければ、内戦やテロはとどまるところを知らず、規模・件数とも増大化、凶悪化してきている。加えて、世界経済・金融の問題、北朝鮮やイラン等の核保有国の問題も深刻である。

こうした状況に呼応するように、人心の荒廃も進んでいる。一家惨殺や連続殺人事件にはじまり、学校におけるいじめや子どもの自殺問題、自殺の最大原因と言われる「うつ病」の蔓延に至るまで、もはや絶望的状況を迎えている。もう一刻の猶予もできないところまできているのだ。

核がテロ集団に渡ってしまう状況も整ってきた今、一歩間違えば地球の破滅、人類の破滅に結びつくことは必至である。現在の核爆弾というのは、リュックサック一つに詰めて持ち運べるので、テロで最も効率のいいとされる自爆に利用される可能性は否定できない。「どうせ死ぬんだったら、少しでも多くの人間を巻き添えにしてしまえ」ということで、自爆者の恰好の必携アイテムにもなりかねない。

このままいけば、われわれ人類をはじめ、地球上の生命という生命の滅亡にもつながりかねない。私はその様相をはっきりと霊界において見ることができる。神様は「平成二十年に人類は滅ぶ」と予言されたが、まさにその予言通りに進んでいるのだ。

だが、私も「真智会」のメンバーもこのまま手をこまねいているつもりはない。事実、数年来、人類の覚醒のために必死の努力を続けてきている。

加えて、今回、本書とご縁のあった精鋭（ほんの少数でいい）の方々に参集していただき、わが「真智会」の諸氏とともに祈り、力を合わせて行動していけば、必ずや状況は好転し、人類の英知と霊体は飛躍進化して、輝かしい神の新時代にすることができると信じている。そのために、今回は私自ら筆をとり、小川圭輔氏がまとめてくれた前著を改訂・増補して世に問うこととなった。

タイムリミットまでの時間は限られている。しかし、私は希望を失ってはいない。

著者記す

「黙示録」最終章◎目次

はじめに　1

一　迫りくる「人類」の〝最終章〟……9

神の人類滅亡の予言が現実化する日本／昭和二十年の敗戦と平成二十年の人類滅亡はリンクしている／日本は世界のひな型／「ヨハネの黙示録」の〝最終章〟が現実になる日／人類滅亡の神の計画とは〝極移動〟のことか／極移動のメカニズム――死には二種類の死に方がある／日本の神道が人類を救う／人類の滅亡を乗り越えるために最高神は必ず降臨する／〝最後の飛躍〟に失敗してきた人類／人類は羽化直前の芋虫状態にある／神の直接降臨と間接降臨／最高神はなぜ降臨したのか／生き神様とは何か

二　人類滅亡の原因は人間の霊魂と霊界の濁りである……47

人間の霊魂は霊界とつながっている／この世とあの世の関係／人間の霊体と肉体の関係／霊主体従の原理と体主霊従の原理／霊界の濁りが人間を狂わせ、人間の悪業が霊界を濁らせる／神は霊界と人間の霊体を浄化する／仏教の救いとは

三　神の降臨と生き神の誕生……67
少年期より仏教の基礎を学ぶ／東洋の運命学「易学」に傾倒／魂の進化の度合いが人間の幸・不幸を決定づける／関連の書を読み尽くす／あらゆるセミナー、勉強会に通う／ホロスコープ（西洋占星術）に出合う／政・財界、芸能界の要人たちとの交流／疑問を感じ、教団を去る／「人間として完成する」という意味

四　古神道との出合い……93
神不在の新神道／運命学の限界にぶち当たる／霊的世界（宗教）への目覚め／霊を開花させるための二つの方法／宗教の本質は超越的な力が宇宙から与えられること／見えない世界の探究を始める／修行の目的は肉体レベルを下げること／完璧なるものを求めて聖地インドへ／学問神道になってしまった戦後の神道／鎮魂帰神法と出合う／無学の境地になる

五　キリストの神や仏陀を超える最高神の降臨……123
図らずも別荘が神殿に／神の遣い？　奇妙な棟梁／見知らぬ人からの寄進／異空間に建つ神殿／御神体は天之御中主神／神の命により大鏡を発注／初めて御鏡御拝の法を行う／過

去世を映し出す鏡／最高神の降臨／「神が降りる」とはどういうことか／神とは何か／人類の祖先は霊的五感をふさがれて誕生した／神と人はコンピュータのソフトとハードの関係に似ている／宇宙の一切のものは神の現れである／人間は完璧な存在に向かって永遠に進化している存在／霊的五感がふさがれた状態で誕生するのはなぜか／神殿祭の日、参拝者はみな神を信じる者となる

六　神と人間との融合……163

自ら審神《さにわ》する／人間のレベルに合った神が降りてくる／神の初体験／メンタルダウン（意識低下）が始まる／忘我の渦にのまれて／神が降りると一時的に人の意識が混乱する訳／すべては神によって計算し尽くされたことだった／奇跡のよみがえりを果たす／神様業をやめます／「古神道・真智会」の発足／真智会に託された神の願い／真智会と従来の宗教の根本的な違い／最大の奇跡は「神が降りること」／最後の「神の修行」／神の降臨により社会的能力と運が上昇する

七　神人による理想社会の建設……203

破滅の平成二十年は地球再生の年でもある／「神人になる」とはどういうことか／神人に

なれば生老病死もなくなる／エデンの園（高天原）に戻れる日は近い／日本の神道が時代を根元から変える／神人による変革の時代／我々は今、瀬戸際にいる／仕組まれていた神のシナリオ／真智会の果たす役割／新時代建設には明確なビジョンが必要／開かれた秘教教団／神とともに喜び楽しむ／八百八柱の神の姿／平成十五年より「人類救済の根本道場としての神殿建設をせよ」とのご神示／君子、南面す／これぞ〝神業《かみわざ》〟／神殿開きは七月七日

おわりに　245

※本書は『平成二十年、危機が訪れ、人類は淘汰される』（小川圭輔著）をもとに、高村博山氏が著者として改訂・増補、改題したものです。（編集部）

本文イラスト　渡部健

一　迫りくる「人類」の〝最終章〟

神の人類滅亡の予言が現実化する日本

『平成二十年、危機が訪れ、人類は淘汰される』でも述べたように、平成元年に那須の地において、私に降臨された宇宙の根元神である天之御中主神様《あめのみなかぬしのかみ》が真っ先に予言されたことは、「このままだと人類は必ず滅びる」というものであった。ショッキングな言葉である。

私は神のメッセージの意味を何度も考えてみた。そして思ったことは、「何でも増えすぎると自滅する」ということであった。

例えば、野生のネズミの中には大量発生してある限界を超えると集団自殺する習性を持つものがある。ちょうどそれと同じような現象が起きると考えたのである。これを〝神の大掃除〟というような抽象的な言い方をしている宗教もあるが、私はそうは考えず、要は進化の頂点に達すると、そのあと一気に下降するだけのことである。私はそう結論づけた。

ちなみに、日本の神道では人類が進化の頂点に達したとき、つまり物質世界が飽和状態になったときに大転換が起こると言われ、この最後の時（終末）を〝禊ぎ《みそ》〟と呼んでいる。禊ぎによって物質世界が滅び、新しく霊の世界への移行が始まるというのである。

地球の危機的状況は、環境汚染、オゾン層の破壊、人口の爆発的増加、経済不況、資源の枯渇、止むことのない民族紛争とテロの横行、わけのわからない病気の蔓延、エネルギー問題、公害問題…といった人類の存亡に関わる問題が浮上し、それらが深刻な問題になっていることからも明らかである。

バブル経済はピークに達したときに一気に瓦解していったが、それと似た現象が今や地球規模で起きているのである。そのことは、現在の慢性的な不況や混乱した社会状況、国際情勢を見ても察することができる。

前著が出版された三年前から日本において起こった犯罪を見ると、毎年のように社会の濁りが増加して、人間の持つ残忍さがますます増えてきたことがわかる。特に社会の濁りが強く働くのは、霊魂が未熟な子どもたちに顕著である。

その代表的な事件として思い出されるのは、十年ほど前の酒鬼薔薇少年の残酷な事件であろう。男児の首を切り落とし、中学校の正門鉄扉の上に置いたというニュースは社会に計り知れないショックを与えた。それまでの日本において、このような残忍な事件はあまりなく、まして少年が起こした事件と知ったときに、私はいよいよ人類の滅亡がスタートを切ったと確信したものだった。

人間の進化が頂点に達したときに、次に来るものは、そこからさらに飛躍進化を続けるのか、あるいは急転直下に落ち込んで、滅びの道を一直線に転がり落ちるかの、どちらかの道しかない。

滅びの道に人類が行くときには、必ず前兆がある。まず、社会の霊的なものが濁りを加速させ、人間の霊魂に影響して濁りを生み出し、その濁りは人間の知性と感性を大きく狂わせて動物以下の冷酷非道な行動へと突き動かすのである。特に子どもの未熟な霊魂に作用するので、少年の犯罪を見ていくと滅亡の過程が、はっきりとわかる。

この事件の後には、佐世保の小学生の女の子が級友を刃物で確実に殺すために、その頭を後ろから押さえて首をかき切った事件が思い出される。こんな残虐なことは、普通の子どもができるものではない。その女の子に悪霊がとりついて行動させたとしか思えない。

実際に私がテレビや写真などを霊視すると、小さな子どもの上に真っ黒な大人の悪霊がとりついているのが見えた。殺された子どもはもちろんかわいそうであるが、殺した子どもも自分の意思でなく何者かに動かされてやってしまったことを思うと不憫でならない。

これらの事件を皮切りに、まるでパンドラの箱のふたを開けたように、凶悪な犯罪が続々と新聞の一面を飾るようになった。特に、前著の発売以来ますますひどくなり、親殺し子殺し兄弟殺しが当たり前のように起こるため、私たちも麻痺してしまい、子どもたちの狂いをなんとも感じなくなってきている。

現に、この原稿を執筆しているときにも歯科医の息子が妹を木刀で殴った後、紐で首を絞め、息も絶え絶えの妹を風呂に投げ込み、浴室で全身をバラバラに切断したという衝撃的な事件が起きた。その数日後には、前年の暮れに見つかった男性のバラバラ遺体の犯人が妻であることが発覚し、逮捕された。さらにそのあとすぐ茨城の川土手でバラバラ遺体が発見された。

人を殺し、しかも遺体をバラバラにするなど、とても人間のすることではない。まったく考えられないことである。にもかかわらず、こんな事件が頻発することから、「またか」と当たり前のように受け止めている。私たちの感性も狂い始めているとしか言いようがない。まったく恐ろしい限りである。

こういう事件を起こす犯人の写真を見ると、その目は人間の目をしていない。霊にとりつかれたような目をしているのである。

世界に目を向けてみると、神の名の下に行われる自爆テロによって、毎日のように罪のない多くの人々が殺されている。そんな状況が三年前よりますますひどくなっている。

北朝鮮のミサイル発射や核実験の強行など、日本を狙った脅威もますます増加を見せ、収まる気配はなく、さらなる核実験の兆候も見られるようになってきた。これに対して、政府の中にも、「日本も核武装すべし」というような意見を堂々と述べる政治家も出てきた。さらに、自衛隊もイラクの派兵に止まらず、防衛庁から防衛省に格上げとなった。内外ともに日本滅亡への危機が迫りつつあることは疑う余地がない。

このような日本の現実を見る限り、平成元年に神様が降臨されて声高く予言されたように、「人類は平成二十年に破滅する」というお言葉が現実味を帯びてきたと言わざるを得ない。

今回の緊急出版も、滅びを目の前にした日本の方々に警告と救いを与えたいという神様の深い慈愛によるものである。

ここで、キリストが弟子の「滅びについての質問」に答えた言葉（聖書の一章）を見ていただきたい。

戦争の騒ぎや戦争のうわさを聞くだろうが、慌てないように気をつけなさい。そういうことは起こるに決まっているが、まだ世の終わりではない。民は民に、国は国に敵対して立ち上がり、方々に飢饉や地震が起こる。しかし、これらはすべて産みの苦しみの始まりである。

～マタイによる福音書　24章6節～8節

イラク戦争はますますテロとの戦い、宗教宗派の戦いを激化させ、多くの人間が命を落としている。地震は地球規模で発生し、地球温暖化による砂漠化は人間から食料を奪い、飢饉をますます多発化させることは間違いない。日本と世界は滅びの道をまっしぐらに転げ落ちているのである。

昭和二十年の敗戦と平成二十年の人類滅亡はリンクしている

平成二十年に日本に神の大きな審判が下ったときに、真に神に目覚めた人たちが立ち上がり、その人たちが中心になって新たな神の国をつくり始める。日本は古い衣を脱いで、神の国としてよみがえるのである。そういう意味で、平成二十年は滅びの年であると同時に再生の年でもある。

昭和の時代は、二十年の敗戦から昭和昭和二十五年の朝鮮戦争の特需をきっかけに日本経済は上昇に転じ、昭和三十年から四十年にかけて日本の経済がうなぎ上りに上昇していったことを思えば、世界が本当にすばらしい状態になるのは平成三十年～平成四十年頃になると思われる。それ以降はさらに発展し、完璧な社会になっていくだろう。

どうしてこんなことが言えるかといえば、昭和と平成が完全にリンクしているため、同じ道をたどることが予想されるからである。

平成元年に那須の地で神が降臨されたとき、人類の滅亡のプロセスに対して重要なお言葉をいただいていた。それは「昭和と平成は完全にリンクしている」という完全なる神の知恵であった。最初は私たちも漠然と聞いていたが、平成と昭和の歴史を比べてみると、以下のようにあまりにも合致していることが判明し、愕然とした。

平成十三年九月には

アメリカの世界貿易センタービルがテロによって破壊され、その後のイラク戦争、北朝鮮の核問題、地球規模での環境破壊をはじめとする政治、経済、国際情勢、その他、これまでの世界秩序が音を立てて崩れ始め、カオスとなっているのがわかる。

この頃、昭和の歴史はどのようであったのか歴史をひもといてみると、

昭和十三年四月には

「国家総動員法発令」により、政府は勅令（議会の承認なし）で、物資の生産・配給・輸送、労働力の徴発ができるようになった。また企業の管理・設備改良や新設、利益の処分、労働条件についても政府が統制運用可能となった。それ以後、国家総動員法に基づくさまざまな勅令が出されるようになる。この法律に基づいて軍部の力は増し、日本は本格的に戦争に突入していった。

翌昭和十四年には

　第二次世界大戦勃発

平成十五年には

　イラク開戦となり、テロとの戦いは本格化して泥沼状態へと突入する。

昭和十五年には

日本は日独伊三国同盟の締結（一九四〇［昭和十五］年九月）、アメリカを仮想敵国とする軍事同盟を結んで世界戦争へと開始した。これは日独伊三国防共協定（一九三七［昭和十二］年が発展したもので、その内容は①独・伊のヨーロッパにおける日本の東アジアにおける指導的

地位の承認、②三国はいずれか現在戦っている以外の第三国（仮想敵アメリカ）から、攻撃された場合は経済的・軍事的に相互に援するというものであった。

平成十六年には

イラク戦争が激化し、五月に終戦を迎えたが、宗教戦争の様相はますます激しさを増して自爆テロの犠牲者は増える一方であった。イラク内戦の様相を呈してきて、アメリカもどうしようもない状態に追い込まれている。

昭和十六年十二月八日には

日本軍、真珠湾（ハワイ・オハフ島）を奇襲し、米英に宣戦布。この後、オランダにも宣戦布告。日本政府は戦争名を日中戦争をふくめて、「大東亜戦争」に決定。そして昭和二十年八月に広島、続いて長崎への原爆投下を招き、日本壊滅へと突き進むのであった。

では、平成二十年にはどのような運命が日本人に待っているのだろうか？

考えるだけで戦慄が走るが、しかし私たちはただ手をこまねいて「そのとき」を待つわけにはいかない。では、どうすればいいのか。そのことが、まさに今回神様がこの日本に降臨され私たちを救われようとしている意義なのである。

日本は世界のひな型

平成二十年に日本が滅ぶということは、同時に世界も滅ぶということである。

どういうことかというと、世界地図を見ていただくとおわかりのように、日本国土の形は世界の形（五大州）によく似ている。つまり、日本は世界のひな型だからである。日本が世界のひな型といわれるのは、日本列島が世界の縮図（ひな型）になっているとみなす考え方からきている。

たしかに、世界地図と日本地図をよく見比べてみると、世界の地形（五大州）は日本の五つの島と対応していることがわかる。すなわち、北海道は北米大陸に、本州はユーラシア大陸に、四国はオーストラリアに、九州はアフリカに、台湾（かつては日本の領地だった）は南米に対応しているというわけだ。

実際に日本と世界の地形を対応させた図（五大対応図）が、超古代の秘教的神道を伝える岐阜の某家から発見され、〝ひな型論者〟のよりどころになってもいる。

そこで、日本に起きることは世界にも起きるし、日本の滅びは世界の滅びをも意味するというわけである。

日本が滅びていくにつれて全世界がこれに引き込まれていき、平成二十年から始まり滅びの終息までに全人口の三分の一くらいが除去されるかもしれない。すでにその兆候が現れ始めている。今でも戦争やテロ、あるいは飢饉やえたいの知れない病気などでどんどん人が死んでいるということは、本当の意味の粛清が始まったことを意味している。

平成十三年九月に起きたニューヨークの世界貿易センタービルの爆破テロは、全世界の人々に衝撃を与えた。おそらく、人類史上にまれにみる恐ろしい出来事として永遠に記憶に残るだろう。

テロの原因として宗教の違いをあげる人が多いが、私はそうは思わない。旧《ふる》い社会体制が瓦解していくときは、こうした形で矛盾が噴出してくるからである。そのことは、それまでの歴史が証明していることでもある。これを回避する方法は、すべての人間が博愛の意識を持つこと以外にはない。

だが、残念ながら人間が肉的存在である限り博愛は持てない。なぜなら〝肉〟という固体は必ず差別をともなうものだからだ。そこに霊的なものとしての目覚めがなければ問題は解決できない。すべての人が自分は霊的存在であり、霊的存在の頂点に神という存在があるということに気づき、目覚めたときに初めて博愛という意識が人類全体に芽生えてくるだろう。なぜならば、霊的なものは意識の深いところでつながっており、一体だからである。

それに対して、肉的なものは〝分離〟である。だから、肉的なものをいかに追求しても、つまり人間がどんなに進化しても物質的な壁を絶対やぶることはできない。「あなたと私は一つである」という一体感と博愛の意識は、霊においてしかあり得ないからだ。

霊的な己に目覚めた人間、すなわち神人となった者が社会を構成すれば、一人ひとりが博愛意識を持った知的レベルの高い社会が実現し、この地球上に恒久平和を築き上げることができるだろう。

「ヨハネの黙示録」の〝最終章〟が現実になる日

ところで、新約聖書の巻末には「ヨハネの黙示録」というものがある。そこには人類の終末の凄惨な様子が実にありありと描かれている。

これはキリストの弟子のヨハネという人物が書いたものであり、神のメッセージを伝えているというよりは、ヨハネ自身の原始記憶をたどって、そのときの滅びのイメージを書いたものである。

今回、もし人類が神人へと飛躍することに失敗したならば、この黙示録に書かれたような地獄絵が再び展開し、人類は滅亡することになるだろう。

キリストは人類を神（＝神人）にするために自分（キリスト）を神として受け入れさせようとしたが、ユダヤの民衆は彼を受け入れなかった。それどころか、十字架にかけて殺してしまった。人類はそのとき、神人になることができる貴重な機会を失ってしまったのである。そして神の一人子であるキリストを殺したという神罰により、そこからユダヤ人の流浪の旅が始まったのである。

一方で、神がユダヤの地に降臨したという神徳によって、ユダヤ人は世界を牛耳るだけの才能に恵まれることになった。これがユダヤ人の大きな特徴である。

人間があのとき、もしキリストを通じて神を受け入れて完成していれば、神より祝福を受けて、それこそ聖書に言う〝産めよ、増えよ、地に満ちよ〟の通り、二千年後の今ごろは完成された神人ばかりの世の中になっていたはずである。

ところが人間は愚かにもキリストを殺し、一大飛躍に失敗してしまった。

神は、聞く耳を持たない人間に自分を受け入れさせることができず、もはや人間を救うのは不可能と知ると、あとは滅びについてしか考えられなくなっていった。つまり、キリストには死んでもらわなければならないと思うようになったのである。

キリストは、殺されることによって〝あがないの子羊（犠牲者）〟として人々に崇められ、伝説化していくことになる。しかし、次の時代のために神の教えを伝え広める信者だけは残しておかなければならない。そのためには、弟子たちが、師のキリストを死なせたのは自分たちの責任だということで反省し、命がけで働き始めるようになってもらうことが必要である。というわけで、神の計画としてはどうしてもここでキリストには死んでもらわなくてはならなかったのだ。

そのときキリストは気づいていなかったが、神は二千年後の今を見通していたのである。その後の二千年の間に神が伝えたい言葉、またそれを守る信者をつくらなければならないとなると、今ここでキリストには死んでもらうしかない。殺されることで美化され、世俗的には神になることができるからである。

そこで神はキリストに対して、「大変申しわけないが死んでもらいたい」というメッセージを与えた。

そのメッセージを受け取ったキリストは、自分が殺される運命にあることを認め、神の毒杯を甘んじて飲む決意をしたのだった。

それでも彼の心は揺れた。できることなら飲みたくないという気持ちは強かった。そこでオリーブ山に登って、「父よ、御心なら、この杯をわたしから取り除いてください。しかし、これはわたしの願いではなく、御心のままに行ってください」と神に祈った。これが有名な〝ゲッセマネの祈り〟である。

キリストは神のもとに三度お伺いを立てに行った。一度目のとき、祈りを終え、明け方のカラスが鳴く頃戻ってみると弟子たちはまだ眠っていた。

二度目のときもやはり眠っていた。キリストは、怒りとも悲しみとも言えない深い孤独感を覚えて弟子たちに言った。

「なぜ眠っているのか。誘惑に陥らないように目を覚まして起きていなさい」

三度目に神に懇願に行ったとき、神は決断のつきかねているキリストを説得するために未来の情景をイマジネーションで見せた。

「おまえが今ここで死んでくれたならば、何回か生まれ変わったのち、おまえの生活はこのようにすばらしいものになる。だから今回は死んでほしい」

そう言って、恵まれた幸せな生活の様子を見せたのである。

「そうか、このまま苦しんで生きていくよりも、未来の幸せを約束された死を選んだほうがいいかもしれない」

そう考えたキリストは、渋々ながら死を受け入れる決意をしたのである。

三度目にしてようやく死を受け入れるのを納得したキリストは、そのあと一気に死の方向に向かって進んでいくことになる。

ヨハネの黙示録が物語るように、キリスト教が〝滅びの宗教〟あるいは〝死に向かう宗教〟と言われるのはそういう意味である。そして、滅びまでしか語れないということがキリスト教の限界であり宿命と言える。

人類滅亡の神の計画とは〝極移動〟のことか

いままで述べてきたように、人類の滅亡が日本から始まり世界へと広がっていくとするならば、どのような形で滅びていくのだろうか？

原因としては戦争や飢饉、悪性の伝染病、地球的規模の地殻変動による大地震などが考えられるが、先ほど引用した聖書（マタイによる福音書　24章6節～8節）の一説にあるように、いろいろな滅びの様相は世界中に現れるとしても、実はそれらはすべて、その後に来る本格的な滅びに対する産みの苦しみなのである。

なぜなら、もし通常の滅びの様相で人類が滅びるとしたら、その後には大量の人間の死体や建築物が残って、地球はゴミ箱をひっくり返したような悲惨な状況になると思われるからである。そうなると、次の新しい人類が生まれて進化していくべき場所が荒らされ、どうしようもない状態になってしまう。

そう、人類は何回も何回もこの地球で文明を造り、肉体的な文明の進化の頂点で霊的文明に飛躍することができずに滅んでいったのである。

神の長い歴史を通して神は何回も何回もそのレベルまで人類を導いてきたが、人間は己の愚かさによって、神を受け入れず、ことごとく失敗してしまった。神道用語で言うと「大峠を越えられなかった」。仏教用語で言うならば「彼岸を渡りそこねてしまった」のだった。

それはなぜか。

大きな原因は人類の奢りにある。物質的にもピークを迎えた人間は謙虚さを忘れて傲慢になり、その結果、神を求めなくなる。宗教にも関心を示さなくなる。自分が神になってしまうからだ。

神がいくら手を差し伸べても、傲慢な人間はその手をつかもうとしない。そこで神はやむを得ず、次元そのものをリセットして一からやり直してきたのではないだろうか。

神が人類を滅ぼすときは次元を変えるくらいのダイナミックな規模で実行するはずだ。ある次元がマズイとなると一度それをリセットしたうえでまた新しい場をつくり、そこからスタートするのである。前の次元の痕跡を完全に消して最初から始めるほうがやりやすいからだ。

すなわち、地球の南極と北極が一気に移動するのである。この変化が起こると地球の次元が変化し、新しい次元によって地上はまっさらな原初の状態に戻ると考えられる。

極移動のメカニズム——死には二種類の死に方がある

このようなことは本当にありうることなのだろうかと、疑問に思う読者もおられることと思うが、実は私たちの生活の中で日常的に起きていることなのだ。

これはある本に紹介されていたことであるが、よくよく昆虫や動物の死を観察すると驚くべきことが発見されるのである。彼らは死ぬときには、この世から死体を残さずに消えて死んでいくというのである。

例えば、秋になると田舎では赤とんぼが空を覆うような大群をなして飛ぶ光景が見られるが、冬になって彼らの死体を見た人がいるだろうか。ゴキブリやネズミはどうだろう。下水管にネズミやゴキブリの死体が詰まって清掃局が掃除したというようなことはあっただろうか？

昔の話だが、インドの象の死に場所があるということで、そこには高価な象牙があるだろうと像の死に場所を探したというような話を聞いたことがないだろうか？　すなわち、この地球上では、自然の動物は死に際して一切苦しまずに死体を残さず死んでいくのである。死体は忽然と消えるのである。

ところが、人間が動物に触ると、その動物は人間と同じように醜い死体を残し、もがき苦しんで死んでいくのである。

なぜ、人間が触ると動物は死体を残して苦しみながら死ぬのだろうか？

それは、人間の濁った霊の濁りが動物に触れると、その濁りが動物の本来清らかな霊に移って動物の霊が濁ってしまうためである。

いわゆる、死には二種類の死に方があるというわけである。一つは私たち人間のように苦しみながら、醜い死体を残して死ぬ死に方と、もう一つは自然の生物のように一切苦しまず肉体をこの世に残さずに消えていく死に方である。このことを理解するには私たちの細胞の死に方を見るとよくわかる。

私たちの肉体は六十兆の細胞から成り立っている。細胞は新陳代謝によって骨の髄から古い細胞は死んで新しい細胞が生まれている。

普通、人間が死ぬときには人間の細胞が一つずつ死んでいき、まわりの細胞に死が伝播して全身の細胞が死んでいく。細胞が死ぬのは、細胞内に細胞間の水分が入り込んで、細胞が破裂するためである。だから死は苦しみを伴い、破裂した細胞の残骸が残るのである。

ところが、細胞が特殊な状態のときに違う形で死ぬことがある。この死に方を、医学的には「アポトーシス」と言う。細胞のアポトーシスとは、例えば肝臓などの器官に通じる血管が詰まって三分の二くらいしか血液が流れなくなって、器官に十分な酸素と栄養が行き渡らなくなり、器官全体が死んでしまうような緊急な事態になると、肝臓などの器官の三分の一くらいの細胞が全体を救うために自ら死んでいくことがあるが、この現象をアポトーシスと言う。

このときは、細胞内に細胞間の水分が入ってくるのではなく、逆に細胞内の水分が外に出ていくのである。全部の水分が出ていくと、小さな細胞のカスすしか残らない。したがって、自然界の人間が触れない動物は全部の細胞が死に臨むときにアポトーシスの死に方で死ぬので、自然に苦しみもなく消えていくというわけである。

ところが、人間が動物に触れたりペットとして飼っていると、その生命は死に臨むときに人間と同じようにすべての細胞が破裂して苦しみもだえ、死体を残すのである。

なぜ、このようになるのだろうか?

実は、人間の霊魂は神の清浄な魂から離れて濁っている。人間は濁りの霊魂から出発して神へと近づく生き物なのである。だから、濁りのある人間の魂が動物に触れると、その濁りが動物に移り、清浄な霊魂を濁りのある霊魂へと変質させてしまうのだ。そのときに、細胞一つひとつに霊魂の濁りが影響して理想的なアポトーシスの死に方ができなくなってしまうのである。

アポトーシスの死に方とは、肉体のすべてが忽然と姿をこの世から消し、突然に違う次元に転送される死に方とも言えるだろう。

いつか人間が神の霊的な刺激を受けて霊魂が目覚め、肉体の進化の頂点から飛躍進化を遂げて神の清浄偉大なる神魂と一体になるとき、すべての人間の濁りは浄化されて、苦しみも無く、意識を持ちながら肉体は消えて霊界に赴くことができるようになるだろう。そのときにこそ、人間が持ち続けた「生老病死」の根本苦が解決されて釈迦やキリストが熱望した最高の神人の状態になるのである。

このように、もし地球の極が神の意思によって移動されたときには、すべての生命と建造物は消えてなくなり、最初の地球の状態に戻され、最初の生命が地上に降ろされて、また永遠と進化の過程が始まるのである。

その原始の記憶がノアの箱舟などの伝説となって残っていたり、〝失われた文明〟として知られる有名なムー大陸やアトランティス大陸の伝説ではないだろうか。

現在でもヨーロッパには「アトランティス学会」というれっきとした学術研究組織があり、研究者や専門家が中心になって真剣な研究が行われている。失われた文明の痕跡を求めて遺跡や海中探査なども盛んに続けられている。

だが、いくら調査をしても実際に痕跡が見つかるとは思えない。なぜかというと、そのような文明がどのようにして滅んだのかについて考えればわかることであるが、それらは火山の爆発や大陸沈下によって滅んだのではなく、いわゆる〝極移動〟によって一瞬にして完全に消滅したと思われるからである。

極移動が起きて次元が一気に変わると、そのまま別の次元へ移転してしまうので、物理的な痕跡が残る可能性はあり得ないのだ。

ただし、次元は変わっても人類の潜在意識にはそのときのことが〝原始記憶〟として残り、人類はその記憶を持って生まれてきている。それゆえ、この原始記憶がいわゆる失われた文明の痕跡をつくり出しているのかもしれない。

伝説はあくまでも人類の記憶の産物であるが、それがまた人間のロマンでもある。

そういうことが過去にもくり返し行われてきたのではないだろうか。つまり、人類は何回もそのレベルに達していながら失敗をくり返してきたのではないだろうか。

人類は、これまで何回も何回もエデンの園から追放される（神道で言えば高天原から送り出される）道をたどってきたのではないだろうか。

だからこそ、今回こそはなんとしてでも成功させたいという潜在意識を人類は共通して持っていると思うのである。

そのことは、例えば生物の進化論を考えてもわかる。最初は海にすんでいた小さな魚が、塩分の多い海水から淡水の川に慣れるまでには何回も試しては失敗し、死んでいった。ところが、あるとき淡水に適応できる魚が現れ、第一のハードルをクリアすることができた。

そうやって進化をくり返して現在の生き物になっていったというのが進化論であるが、私はこのプロセスを偶然論とはとらえていない。なぜなら、神ご自身がそういうテストをくり返してこられたと思うからだ。

人間にしても、何か新しいものをつくろうとするときは失敗がつきものである。それと同じように、神も、人類を進化させ神人にするために同じような実験を何回もくり返し、その過程で何回も失敗しているのではないだろうか。

その極移動が平成二十年に起こるとしたら、人類が突然絶滅する可能性は否定できない。しかし、そのことに対して神は沈黙をされたままなので想像の域を出ないところである。

日本の神道が人類を救う

人類は神の子イエス・キリストを殺してしまった。あのときもしキリストを受け入れていたならば、人類はとっくの昔に神類になっていただろう。そして人間の霊魂は目覚め、新たな飛躍を遂げてすばらしい文明を築いていたことと思う。だが神を受け入れることができなかった人類は遅々とした肉体のみの進化を二千年もかけてくり返し、現在に行き着いたのである。

いよいよ終末を迎えた日本民族は、人類を救うことができる民族となったのである。なぜなら、神道の国日本に生を受けた日本人は生まれた時から神の氏子として神を受け入れる能力と資格があるからである。そして現実に、平成元年に神はこの日本に降臨されたのである。

このことは、今後日本が世界の日本となっていくのを決定づけたことになる。今や日本は精神的レベルにおいても霊的レベルにおいても世界の中心になろうとしている。いずれ世界中から人々が日本へ参拝しに来るようになり、事実上の〝バチカン〟になっていくだろう。

日本人は神を受け入れた民族として、日本そのものが神殿になり、そこに世界中から人々が参拝に訪れるのである。すると、その人たちがどんどん神人になっていく。このような現象は過去の歴史が証明していることでもある。

例えば、釈迦やキリストといった偉大な存在が現れた頃は、彼らの教化のおかげで人類は一気にレベルアップした。それと同じことが、間もなくこの日本で起きようとしているのだ。

人類の滅亡を乗り越えるために最高神は必ず降臨する

このような末期的症状から人類は脱却できるのか。破滅を逃れて救われることができるのだろうか。それとも、人類はこのまま手をこまねいて滅亡の時を待つのだろうか。

それはできない。なんとしても回避しなければならない。

では、どうすればそれが可能か。

答えを先に言うと、滅亡を回避するためには、人類の霊魂の濁りを浄化することによって正しい意識レベルになり、霊的開花を飛躍的に行うことである。つまり、人間のレベルを超えて神人へと大きく飛躍進化を始め、全人類共通の疑問である〝滅亡〟という問題を解決することができるのである。滅亡へ突き進むコース転じて、飛躍発展完成へのコースに変えるべく舵を取ることができるのである。

これまで人間は霊的自己を開花する努力をまったくしてこなかったわけではない。宗教を通して霊の勉強をし、霊的レベルを高める努力をしてきた。

ただ、今までの宗教の目的は一人ひとりが神（仏）になることであり、そのためには厳しい修行や多額の布施が要求されてきた。しかし、厳しい修行をすれば救われるというものではない。

有名なお寺の高僧が苦行によって悟りを開いたとか、長い間修行を積んできた修行者が悟りを得たというような話をわれわれはよく耳にするが、悟りが苦行の結果得られるものでないことは仏教の祖である釈迦がとっくの昔にすでに証明している。仮に、悟りというものが苦行や修行によって開かれるものならば、人間は自助努力によって霊的自己を開花できるということになる。

ところが実際はそうではない。

苦行や修行というのは、神（霊的存在）を受け入れる態勢をととのえる準備にすぎない。〝苦行や修行＝悟り〟とする考え方は根本的に間違っているのである。

人が悟りを得る方法を釈迦は仏教という形で説いたが、具体的に何と説いているかというと、「人間は地獄のレベルからだんだん成長していって最後に菩薩になる。そして外からの霊的存在を受け入れたとき、人は初めて仏になる」と言っているのである。

逆に言えば、「自分の力ではなく、外からの力がなければ仏になれない」ということである。キリストもこれと同じようなことを聖書の中で言っている。

目をさましていなさい。
いつの日にあなたがたの主がこられるのか、あなたがたにはわからないからである。
～マタイによる福音書　24章42節

これは、神はいきなりやって来るから、目を覚ましていなさい、それを受け入れる準備だけは怠りなくしておきなさいと言っているのである。

神を受け入れることによって、自分の内なる神（霊）と表の神が合体する。そして両者が合体したとき、初めて自分の霊的な己が開花するのである。

〝最後の飛躍〟に失敗してきた人類

人類の始祖ヒルコの物語が象徴しているように、われわれ人類は霊的な〝眼〟をふさがれた存在としてこの世に生まれてきた。一方で、これまで人類は営々と努力を重ね、進化し続けてきた。

神もまた、釈迦やキリストに代表されるいわゆる聖人と言われる人たちにイマジネーションを与えることで、人類を正しい方向へ導き飛躍させてきた。事実、こうした聖者たちの導きにより人類はある局面で一気に意識レベルを上げてきたのである。

意識レベルが高められ、現実世界の肉体的レベルもピークに達すると霊的五感が一気に開き、人類は最後の飛躍をして神人となることができる。神人になったとき初めて神を見ることができる。そして神人となった人たちによって新しい社会をつくっていく。これが神の計画である。

だが、悲しいかな、人類はせっかくのチャンスに霊的五感を開くことができず、最後の飛躍に失敗すれば行き場を失い、深い谷に落ちて自滅してしまった。

人類は羽化直前の芋虫状態にある

人類滅亡の直前に、地球再生の一大ドラマがこの日本で始まろうとしている。

これまで霊的なものを求め自己の完成を目指してきた人は、苦しい修行を重ねながら肉体レベルを下げる努力をしてきた。そうすることで少しでも霊的なものに近づこうとしてきたのである。

だが、もはやそんな時代ではない。なぜなら、人類が進化の頂点にある今、肉体レベルも頂点に達しているので、肉体レベルを霊的レベルに下げることはできなくなってきたからである。そのため、従来のような学問のための宗教も厳しい修行も不要になった。これからは、すでに釈迦もキリストも説いているように、〝外からの霊的存在（神）〟を受け入れさえすればいいのだ。

今や人類は進化の頂点に達している。芋虫にたとえると、ちょうど羽化寸前の状態、蝶に変身する一歩手前の状態にある。

芋虫が羽化して蝶になるときには、そこに何らかの触媒の働きがあると言われているが、人間も飛躍直前の状態にある今、何らかの触媒があれば、いつでも誰でも一足跳びに霊的に開花することができる。つまり〝神人〟になれるのである。

触媒に接触することによって自らの霊的成長、浄化をはかっていけば、霊的レベルが次第に上がっていく。そうすればやがて肉体レベルの限界を超える瞬間が訪れ、そのとき神を見ることができるようになるのである。

神の直接降臨と間接降臨

では、そのための触媒とは何か。

この問いは本書のテーマの核心に迫るものであるが、その答えは端的に言って、生きた神を触媒として人の濁った霊魂が浄化され、人間から神人へと飛躍することである。生きた神とは、霊界におられる神が人間に降臨され、まさに生き神となって人間から神人へと飛躍するための触媒となられることである。

神の降臨とは何か。それはどんな意味を表すのだろうか。

これまで再三にわたって述べてきたように、人類はもはや肉体の世界だけでは限界を迎えている。そのため、霊的な世界の目覚めがない限り滅亡へと突き進んでいくのは時間の問題になってきた。それが今の環境汚染、世界的な不況や経済の行き詰まり、飢餓、頻発する民族紛争やテロといった現象として現れている。こうした現象こそ、肉体的な行き詰まりを示す証拠である。

宇宙の根源の意識である天之御中主神《あめのみなかぬしのかみ》は、これまでキリストや釈迦といった聖人と言われる人を通して人類を導いてきた。

この人たちは霊界から神の意識をうまくキャッチできる人たちであるが、直接神が降りた神人ではない。彼らは、神の意識をキャッチしながら人類をある方向に誘導してきたのである。私が口ぐせのように〝宗教はみな同じ（同根）だ〟と言っている理由はそこにある。

いずれにせよ、聖者と言われる人たちには神は直接降臨したのではなく間接降臨でしかなかった。あくまでも彼らを〝神の遣い〟として用いてきたのである。

なぜ間接降臨であったかというと、当時は人間のレベルが神を受け入れるレベルにまで達していなかったので、どのみち、降臨は不可能だったからである。また、神としては、いずれ自らが降臨するときのために、〝神が降りたらこうなる〟ということを事前に知るために、ある程度の方向づけをする必要があったからである。

そうやって、とりあえず何柱かの神を用いて〝神降ろし〟の実験をし、どういう風になるのか見守っていた。そうした実験が大本教や天理教、その他の教団のもとになっていることは周知の通りである。

ところが、やはりこれには問題があった。神は何とか人間の意識の中に降臨することはできるが、入っているうちに、その人の意識自体が壊れてしまい、多くの場合は壊れたままで元に戻らず、最期には狂ってしまうことである。

最高神である天之御中主神は何度も実験をくり返した結果、自分が降臨するためには宿り木としてふさわしい素材を選び、はじめから育ててつくり上げていくしかないという結論に至った。

そこでこの私を選び、前世も含め幼い時分からずっと宗教的教育をしてきたのである。私が子どもの頃から宗教教育を徹底してやらされてきたのは、そのためであった。

そして時は流れ、今日のような地球の存続も危ぶまれる状況をご覧になり、いてもたってもいられなくなった天之御中主神は、平成元年の正月、自ら選び育ててきた私に降臨されたのである。最高神自らが直接降臨されたのは、後にも先にも今回の私の例が初めてである。言うまでもなく、それは私自身の運命を大きく変えることになった。

そしていよいよ降臨の日、すなわち平成元年の元旦の朝、神は私に鎮魂帰神法を行わせ、自ら降りてきた。

鎮魂帰神の「帰神」、つまり「神が帰る」というのは、神の意識と私の意識が入れ替わることを言う。この入れ替わりは瞬時に行われる。霊界から神が私に入ってくると私の意識は即座に霊界に行ってしまうので、そのとき私自身は生きたまま死んでいるのである。

最高神はなぜ降臨したのか

では、神はなぜ降臨したのだろうか。

神が降臨したのは、ひと言で言うならば人類を破滅から救うためである。人類が救われる方法はただ一つ。それは神を受け入れて自分自身が新しい神、つまり神人となることである。どういうことかというと、一人ひとりが自分の中にある霊を覚知して完成することである。この方法による以外、人類は目前に迫っている滅びから救われる道はない。人類が神人になったとき、初めて新しい命に生きることができるのだ。

すでに述べたように、神と人類の関係はコンピュータにたとえることができる。すなわち、ソフトが神でハードが人間である。現在、ハード（人間）が進化して高いレベルに達したので、ソフト（神）もそれに合うものを入れなければならないところまで来ている。

ソフト（神）を入れるときは神本人が現れて、まず特定の人物に入れることになる。それが神の降臨の意味である。

ここで言えるのは、地球人類が一気に飛躍するためには、その前段階として、まず人類の文明そのものが標準化されなければならないということである。

幸い、今はインターネットの発達のおかげで瞬時に地球の裏側の情報が入手できる時代である。地球が一体化されつつある現在、私はその準備が整えられつつあると思っている。現在、日本が苦しい状況にあるのは、そうした新しい社会、新しい世界が一つになっていくプロセスにおける一種の〝副作用〟であり、言い換えるならば〝生みの苦しみ〟であるといえよう。

富める国が落ち、貧しい国が上がる。そうしながら総体的に飛躍し、標準化されていくのである。標準化が行われているあいだは、アメリカや日本などの富める国は苦しむことになる。この期間は苦しいけれども、これを乗り越えなければ人類の次の飛躍は起こらないのだ。

やがて文明の標準化が完全に行われたとき、どこかの国の誰かにドーンと神が降りる。すると、その人を〝触媒〟にして周囲の人たちが次々に神人になっていく。それがみるみる広がって世界中の人間が完成していく。そしてその人たちが新しい発明をし、新しい文明を創造して、理想的な社会を築いていく。これが神の計画である。

察しのよい読者ならすでにおわかりのように、〝触媒〟とは、神が降りた人のことである。その人に接触することにより、人は霊的に触発されて神人になることができる。目に見えないだけで、人間はみなそういう能力を持っている。だから、自らの内なる魂がそれに気づけば、人は真の人間としてどんどん完成していくことができる。

これからの人類は、有名な〝百匹目のサル〟の逸話と同じように、一人が霊的に開くと十人が開く。十人が開くと百人が開く。百人が開くと、それがあちこちに伝播していき、ついにはすべてが開くようになる。そういう意味で、誰か一人が突発的に神人として完成すればいいのである。

生き神様とは何か

すでに述べたように、私に神が降臨してから二年間ほどは、神の意識（霊）と私の意識が馴染むための辛く苦しい融合期間であった。

やがてそれも通過し、私の中に入った神の意識は私の肉体を着て、ついに私は〝生き神様〟と言われる存在になった。

生き神様とは、人間の中で神と人間の二つの意識が同居している状態を言う。つまり、あるときは人間になり、あるときは神様になる存在のことである。平たく言えば、〝非常勤の神様〟といったところだろうか。

生き神様となった私は、もはや霊の世界と肉の世界の仕切りが取り払われた存在になったのである。

人がこの私に接触することによって自らの霊的成長、浄化をはかっていけば、霊的レベルを次第に上げることができる。そうすれば、やがて肉体レベルの限界を超える瞬間が訪れ、そのとき誰もが自然に神を見ることができるようになる。つまり、この私を触媒にして一人でも多くの人が霊的開花を遂げ、神人となる。それが今回神が私に降臨し、臨在された目的なのだ。

もし私の中の神を素直に受け入れて神人となることができなければ、人類は本当に滅びてしまうだろう。今はそういう時期に来ている。

神が私に降りたのは、奇しくも昭和の終わり、平成の始まりの平成元年であった。実はこのことにも深い意味がある。

ご存知のように、日本の代々の天皇というのは天照大神を体現された〝生ける神(現人神・あらひとがみ)〟であった。日本は太古より生ける神によって守られてきた国なのである。

現人神の臨在によって大東亜戦争で大敗したときも国は分断されることもなく、戦後は目覚ましい発展を遂げることができた。

戦後、現人神は第一段階として人間宣言をすることで神の座を降りられたが、依然として神として臨在されていた。しかし、昭和六十三年に生ける神であられた昭和天皇が崩御されてしまったために、日本を守り人類を守るために次の生ける神をつくらなければならなくなった。

それが昭和の終焉《しゅうえん》と平成の世の始まりに、究極の神である天之御中主神が那須の地において私に降臨された意味である。そして、最高神である天之御中主神は肉体を持ってこの世に臨在され、霊界と私たちの霊魂を浄化されて、人々を神人へと昇華され、人類を滅亡の淵から救われる働きをしておられるのである。

二　人類滅亡の原因は人間の霊魂と霊界の濁りである

人間の霊魂は霊界とつながっている

ひと言で、「霊界の濁りが現界の破滅を呼ぶ」と言っても、意味がよくわからない人がいるかもしれない。それはこういうことである。

霊界の濁りがきつくなるということは、霊界のエネルギーが低下することである。霊界（死後の世界）のエネルギーが低下すると、霊界とつながっている現界（生きている世界）のエネルギーも低下する。

つまり、まず霊界（霊体も）が濁り、それがそのまま現界（肉体も）に影響を及ぼすという原理（これを「霊主体従の原理」という）があることを知っていただきたい。

問題は、現界のエネルギーが低下すれば、あらゆる面で運が悪くなってくることである。その結果、天災の頻発、経済の低迷、人心の荒廃、人心の荒廃が引き起こすさまざまな事件・事故などが頻発するようになる。

霊界と現界の関係は、人間で言えば霊体と肉体の関係に等しいので、霊体の濁りは即肉体の濁りとなり、肉体のエネルギー低下を招く。すると病気になったり、運が悪くなるといった現象が起きてくる。現在、社会問題になっている子どもの登校拒否、引きこもり、うつ病、自殺などもそれである。

エネルギーがさらに低下すると、精神に狂いが生じ、人間がより動物的になってしまう。その結果、残虐行為や殺人事件など、鬼畜以下になりさがった者の犯行としか思えないような凶悪事件を起こすようになる。

なぜこのような話を持ち出したかというと、現在の破滅的状況は霊界（人間では霊体）の濁りがそのまま現界（人間の肉体および精神）に反映したものであるということを知っていただくためである。

破滅的状況に至った根本的な理由がわかっていなければ、破滅を回避する方法もわからず、いたずらに右往左往するだけで、かえって事態を悪化させかねない。

少なくとも、本書を手に取ってくださった方、内容に共鳴してくださった方には、このことを正しく理解していただきたいと願っている。そのため本論に入る前に、霊界（死後の世界）と現界（生きている世界）の関係、われわれ人間を構成している四魂（肉体、幽体、霊体、魂体の総称）について説明することにした。専門的にならないように、できるだけ平易な言葉で、ごく基本的なポイントにしぼって述べたつもりである。

この世とあの世の関係

霊主体従の原理を理解するためには、宇宙の成り立ち（創造の順序）について知らなければならない。まずは、そこから話を始めることにしよう。

われわれは誰もが死を迎えるわけであるが、死んだらどうなるのだろうか。

われわれの住んでいるこの世界は物質によって構成されており、ここが「現世」である。現世は正しくは「現界」と言う。

これに対して「来世」という言葉がある。来世というのは非物質の世界で、まったく物質が存在しない世界を言う。正確に言うと、その世界が「霊界」である。

われわれは、今は現界である物質世界に生きているが、やがて病気や老衰などで何十年かの生を終え、死を迎える。このとき人間は現界から一気に霊界に行くのではなく、いったん物質世界である現界と来世である霊界の間にある中間の世界に行く。その中間の世界を「幽界」と言う。その世界は半物質の世界である。

半物質世界というのは、ある部分はこの現界の物質世界とつながっており、ある部分は非物質の霊界とつながっている状態である。半物質なので完全に現界とも霊界ともつながっている。このような中間的な世界が幽界という世界である。

物質世界である現界と非物質である霊界は、時間の次元がまったく違う。霊界は時間も空間もない無時間、無空間の拘束のない世界であるが、われわれの世界である現界は時間と空間に拘束される三次元の世界である。

・現界（現世）――物質の世界。時間と空間に拘束される世界
・幽界（中間的な世界）――半物質の世界。現界と霊界のどちらともつながっている。
　幽界と現界では時間や空間にズレがある。
・来世（霊界）――非物質の世界。無時間、無空間の世界

このように、霊界と現界は次元がまったく違うために、われわれは死を迎えると一気に非物質の霊の世界には行くことができず、中間的な半物質の世界、半時間の世界、半空間の世界である幽界を通るのである。

ここに留まる期間は一般には四十九日と言われているが、実際の幽界では時間は現界の時間

とは異なる。これはどういうことかというと、例えば現界では一日であっても、幽界では百年とか二百年ということになるのである。

逆も言えるので、われわれの世界（現界）に五百年も千年も前に死んだ武士の格好をした幽霊が出てくることもある。現界の時間では何百年も経っていても、本人としてはまだ幽界に行って三日か四日しか経っていないという感覚を持った幽霊もいる。これは幽界と現界の時間や空間にズレがあるからである。

人間の霊体と肉体の関係

それに対して、われわれの体は四つの体によって構成されている。いちばん外側にあるのが「肉体」で、肉体の内側にあるもう一つの自分を「幽体」と言う。さらにその奥にもう一つの自分があり、これを「霊体」と言う。

そして、われわれは自分の中核に「魂体」というものを持っている。これがわれわれの本当の中心になるものである。実はこの魂体こそが神の「分け御魂《みたま》」であり、神そのものである。

人間はみな本質の部分に神を持ってはいるが、魂体と霊体の間には厚い壁があり、通常、人間の霊体は濁っているので、魂体の神の光は現れてこない。

いちばん外側の肉体は、新陳代謝によって七～八年で入れ替わっていく。その内側の幽体もある程度変化するが、その奥にある霊体と魂体は永遠のもので、決して入れ替わることはない。だから永遠に変化しない実体の自分が「霊魂」となるのである。

ところが、人間は生きている間は霊魂を自覚・認識できないために、変化し、滅んでいく肉体を自分と錯覚してしまう。そのために、大きな不幸を背負い込んでいるのである。

実は、この四つの体のほかに「オーラ」というものがある。これは幽体から発するエネルギー現象で、仏様の光背や天使の光輪などもオーラを表している。このオーラの大きさによって、その人の生命状態を見ることができる。

また、オーラの色によって感情の状態を見ることができるし、オーラの濁り具合によって、その霊体の濁りの度合いを見ることができる。オーラがあまりにも濁っているときは霊体の濁りもひどいということになる。

さらに、オーラによって運の状態なども見ることができる。結論的に言えば、オーラの状態がきれいになればなるほど健康や運が良くなっていくわけである。

余談になるが、オーラを研究している人によれば、仲の悪い人同士のオーラは反発し、仲の

●四魂三界

四魂（人間の持つ四つの体）＝肉体・幽体・霊体（魂体）
三界（三つの世界）＝現界（現世）・幽界・霊界
※霊体は、霊体の中にある神の魂（魂体）が
ひとつになって霊魂となる

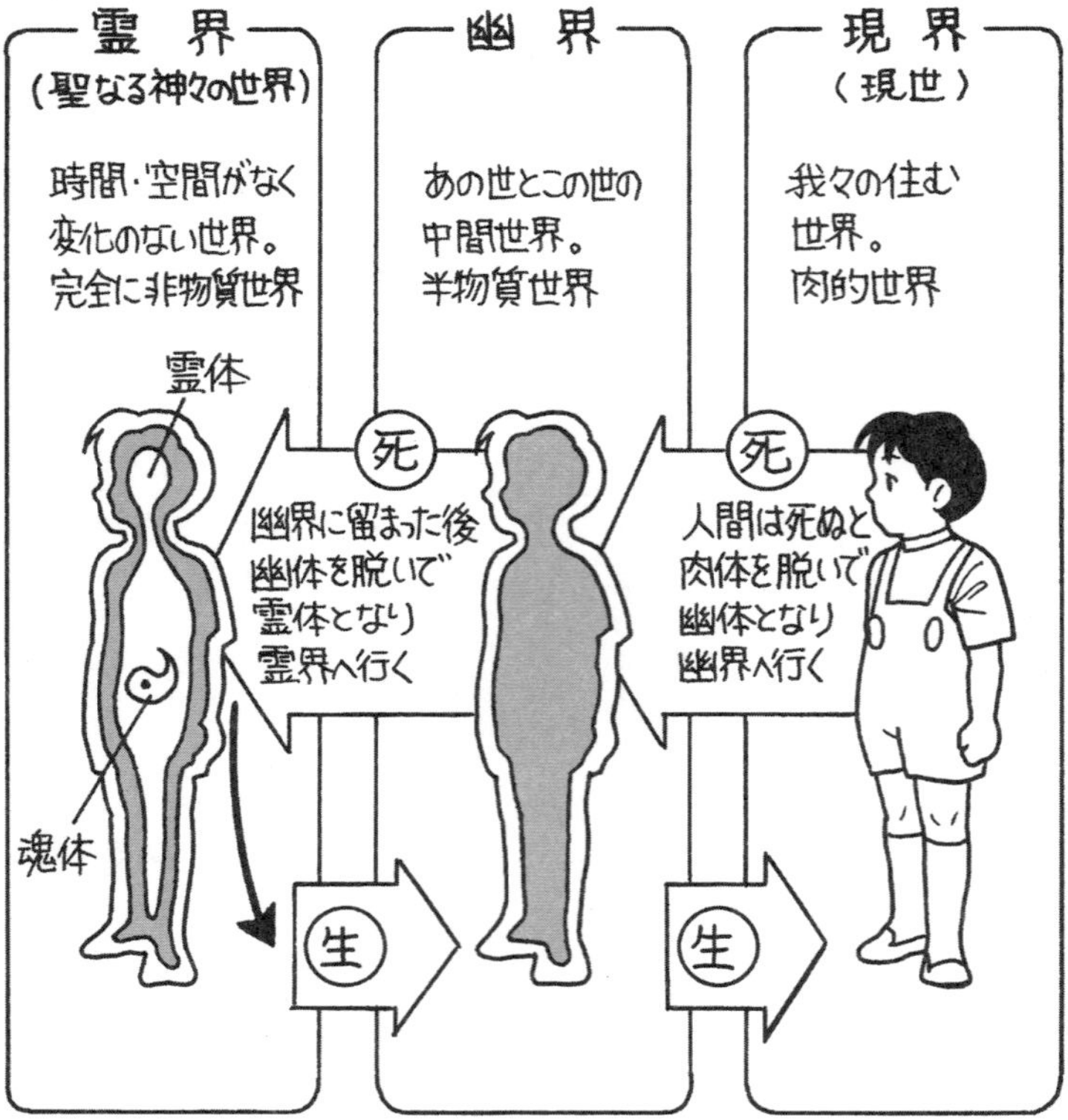

霊界
（聖なる神々の世界）
時間・空間がなく
変化のない世界。
完全に非物質世界
霊体
魂体
幽界
あの世とこの世の
中間世界。
半物質世界
現界
（現世）
我々の住む
世界。
肉的世界
死
幽界に留まった後
幽体を脱いで
霊体となり
霊界へ行く
死
人間は死ぬと
肉体を脱いで
幽体となり
幽界へ行く
生
生

良い人同士のオーラは重なって見えるということである。

われわれが死を迎えると、肉体は分解してなくなってしまう。つまり肉体は現界で滅び、幽体、霊体、魂体となった三つの体の存在が幽界に行くわけである。幽界のことを仏教用語では「中有《ちゅうう》」と言う。俗に「三途《さんず》の河」と言われるのも、この幽界のことである。

幽霊と言われるものは、この幽界に行った三つの存在のことである。幽体の「幽」と霊体の「霊」の字をとって「幽霊」と呼んでいるのである。

幽界と現界はつながっているので、この幽霊がたまにこっちの現界のほうに来ると、霊に敏感な人に見られたり、写真に写ったりすることがある。いわゆる心霊写真と言われるものがそれである。

われわれは死を迎えると、幽界すなわち三途の河に行くのであるが、ここで河を越えなかったときは戻ってくる。つまり生き返るわけである。

幽界で完全に三途の河を渡るということは、ここで幽体を脱いでしまうということである。この幽界で幽体を脱いでしまうと二度と現界には戻れない。なぜなら、幽体を脱いでしまうと霊体と魂体のいわゆる「霊魂」となってしまうので、霊界に行くしかないからである。霊魂となって時間と空間のない永遠の世界、「霊界」に行くわけである。

霊界には上から下までのいくつかの段階があり、霊界の上のほうに行った人は永遠にそこにいることができるが、下のほうに行った人は永遠に地獄にいなければならない。

霊界には空間がないので、霊界から現界を見たときは、そのどこにでも行けるということになる。また、霊界には時間がない。時間がないということは変化が何もないということである。

霊界は少なくとも変化のない世界である。例えば自分自身の霊に濁りがあって霊界の下のほうに行った場合、霊界では変化がないので霊魂は自分で自身の濁りを変えることができない。そこで、時間や空間があり、変化のあるこの現界に生きている人たちが浄化をしてあげることで変化させて、霊界の上のほうに上げてやるしかないのである。

霊界に行って霊魂になった者は、一定期間をおいて再び物質世界に戻るために、まず幽体を着て、さらに肉体を着て、再びこの世にオギャーと生まれてくる。

われわれの死は、まず物質世界から始まり、幽界、霊界の順序で進んで行くが、現界に生まれるときはその逆の道筋をたどることになる。

このように、われわれはグルグルと輪廻転生しているのである。これが「四魂三界」のわれわれの姿である。

魂体は神の分魂であり、われわれの主体をなすものである。ゆえに肉体、幽体、霊体、魂体の四つの体を総称して「四魂」と言う。

われわれはこの四つの体を持ち、霊界、幽界、現界の三つの世界に生きているのである。

霊主体従の原理と体主霊従の原理

霊界と現界とは、次元としてはまるで異質の世界、異次元でありながら、実は密接な関係がある。どのような関係になっているのかというと、一つには「霊主体従の原理」、もう一つはこれがひっくり返った「体主霊従の原理」という関係になっているのである。どちらが根本かというと、霊主体従のほうが根本の原理である。

●霊主体従とは何か。

簡単に言うと、霊界で起きたことが幽界、現界へと現れてくるということである。例えば、霊界において大きな変動があると、この物質世界においても大きな変動が現れてくる。

また、肉体に関して言えば、霊体に濁りがあると幽体に濁りが反映して、それが肉体の病や不運や悪いオーラとなって現れてくる。これが「霊主体従の原理」である。ただし、霊体の中心にある魂体は神魂であるので決して濁らない。

もしわれわれがガンをはじめいろいろな病気になった場合は、主として霊体に濁りがあるということである。〝お清め〟などの方法で浄化すると霊体の濁りが浄化され、肉体の病気もなくなる。これが神の光による癒しである。

キリストが行った奇跡もこの原理を利用している。キリストも人の霊体の濁りを神の光によって瞬間的に浄化した。その結果、霊主体従の原理によって肉体に現れた諸々の病気やケガ、足なえなどが一気に治ってしまったのである。

●なぜ霊主体従なのか

それは、万物がつくられる順序が〝霊界が主〟だからである。これは聖書の「創世記」を見ても日本の『古事記』を見ても、神が霊界を創造され、それから現界が出来たと記されていることからもわかる。

神という存在はまったく非物質世界の存在であり、ある意味においては意識の世界、意識は意識でも神の意識の存在する世界である。

創造の順序としては、まず濁りのない完全なる純粋意識の世界（すなわち霊界）の中で行われ、次にその霊界においてつくられたものに基づいて、ある程度の形をとったものが幽界に現れ、それが現界に降りてきて完全なる物質世界が現れてくる。つまり、万物創造においては、霊界、幽界、物質世界の順で現れてくる。それゆえ霊主体従が根本であると言える。

われわれも何かしようとするときは、まずどんな形をつくろうかと考える。そして形あるものになる前段階として〝半製品〟みたいなものをつくってみる。それを何度も検討して、完全な形の製品にしていくわけである。

このような創造の過程を経てつくられた、物質世界の製品にあたるわれわれ人間を含む万物は、すべて霊が主で体が従の関係になっているのである。

では、物質世界である体の世界は、霊の世界に対して何の影響も与えないのかというと、そうではない。例えば、体の世界において悪事を行い、人を呪うなどの濁りの発生する諸々の行為をすると、それがやはり霊の世界に影響して霊が濁ってくる。

物質世界の悪事が大きくなればなるほど、現界、幽界、霊界の順序で、霊界に影響を与えるのである。このように、物質世界である肉体の世界の行為によって霊に影響を与え、霊が濁ってくることを「体主霊従の原理」と言う。

ところが、ここが重要な点であるが、このようにして霊界に積み重なった濁りがある極限に達すると、今度は霊主体従の原則によってドーンと一気に物質世界が変化してくる。これがいわゆる「禊ぎ《みそ》」である。つまり、禊ぎとは霊的変化によって体である現界に劇的な変化を与えることを言う。

霊界の濁りが人間を狂わせ、人間の悪業が霊界を濁らせる

霊主体従の原理と体主霊従の原理から見た場合、今のわれわれの世界はどのようになっているのだろうか。

今のわれわれの時代というのは、ちょうど釈迦が説いた「末法の時代」に当たっている。仏教では、今世のわれわれの住んでいる世界のことを「五濁悪世」と呼んでいる。つまり、〝五つの濁りが盛んになる悪世〟という意味である。

この悪世を正さなければ、やがて五濁悪世がひどくなり、魔が跳梁跋扈《ちょうりょうばっこ》する世の中となってしまい、人々は狂い、病気になり、自然が破壊されてしまうことになる。

この時代は霊界の濁りがどんどんときつくなり、霊主体従の原理によって阿鼻叫喚《あびきょうかん》の魔の支配する世界になってしまうだろう。例えば、悪世であるこの現世において濁りのある人が死んで幽界に行けば幽界を濁らせ、さらに霊界に行って霊界そのものを濁らせてしまう。

これがどんどん積み重なっていけば、霊主体従の原理によって、この世界も魔の世界に陥ってしまい、ついには魔の支配する世界になり、阿鼻叫喚の世界になってしまう。釈迦が末法の時代と言ったのは、このようなことを言っているのである。さらに、この霊界の濁りがピークに達したときに、物質世界であるわれわれの世界は滅びてしまうとも言っている。

キリスト教で言えば、今のわれわれの時代というのは「終末の時」に当たる。実際に、キリスト教では終末についてはっきりと説いている。キリスト教の聖書には「終末の徴《きざし》（マタイ24章3節）」ということまで書いてあり、これがキリスト教の終末思想にもなっているのである。

さらに、神道で言うならば、今のわれわれの時代というのは岩戸開きではなく「岩戸閉め」の時代に当たる。

仏教、キリスト教、神道のいずれの教えにも示されている通り、今の時代は魔が支配する世界ということである。

現在は霊界の濁りがきつくなってしまったために、人々の霊体の濁りもひどくなり、悪人ばかりの世界となってしまった。これがわれわれの現実世界の実態である。

しかし、悪というものは長続きしない。なぜなら、悪というものは他のものと共生することができないからである。互いに共食いをし、破壊し合う。それが魔の支配する世界だから、決して長続きしないのである。

では、神はなぜそのような世界を、そのような人々をつくられたのだろうか。われわれはこの疑問に苦しむわけである。

破滅していこうとしている世界を、神は何とかしようとはなさらないのか。物質世界に住むわれわれでさえ、このような状況にある世界を何とか救いたいと思うのだから、まして創造主である神がこの世界の破滅を許すはずはない。必ずどうにかなさるはずである。

私はそのように考えている。

神は霊界と人間の霊体を浄化する

では、神は今どんなことを考えておられるのだろうか。そのことについて、もっとつきつめて考えてみなくてはならないと思う。

神はなぜわれわれのような〝魔民〟をつくられたのか。その原因を知らなければならない。それがわかれば、このような現状にどう対処すれば良いかという解決策も講じられるはずである。

それにはまず、魔の支配する世界がなぜ出来てしまったのか、その原因を探らなければならない。そのためには、万物の創造の時点までさかのぼって学ぶ必要がある。

万物の創造の時点とは、われわれ人間を含めて神が宇宙のすべてを創造された時のことを言う。

先ほど霊主体従の原理のところでも述べたように、すべての創造は霊界から発生している。われわれが何かをつくろうとする場合、まずアイデアを練り、そして物質化する。それと同じように、万物の創造においても、はじめはこの非物質世界（霊界）の意識の世界で原型となる大まかな形が考案され、つくられる。それが幽界においてある程度の形となり、最後に物質世界（現界）でかたちづくられるという過程を通るのである。

われわれの死が、この現界から幽界を通り霊界へ行くのとは逆に、万物は霊界において創造され、幽界でかたちづくられ、現界の物質世界にはっきりとした形をとって現れてくる。

創造のおおもとである霊界で万物を発生させるもの、それが「創造する主」つまり「創造主」

ということになる。創造主イコール神であり、根本の神である。つまり、聖書で言うところの神とはあらゆるものを創造し支配する存在である。

仏教の救いとは

ついでに言うと、この神に対して「仏」とは何かというと、こちらは決して創造主ではない。仏というのは、人間として肉体的に努力・修行し、意識と人格の完成を達成した者を言う。また、死んだ者を仏と思っている人もいるようであるが、死んだ者は仏ではない。なぜなら、仏教では決して死後のことは説いていないからである。

本来、釈迦自身が、生きているわれわれがどうすれば修行の道を通して八つの正しい道（八正道）を経て人格的に完成するかということを説いている以上、また釈迦自身が来世を説いていない以上、仏教で言うところの来世については意味がないということになる。

したがって、釈迦の説いた仏教において来世のことを祈ったり供養したりすることは意味がないということになる。もっとはっきり言えば、日本の仏教において日常的に行われている供養や葬式自体、神道的な慣習を踏襲しているにすぎず、実質的には何ら意味がないということになる。

人間が肉体的な完成をするためには、修行が必要になる。そのため、仏教においては修行を大事にしている。どんな修行かというと、「八正道」、つまり八つの正しい道を学び行じることによって仏として完成するというのである。

仏教ではこれを〝成仏〟と呼んでいる。成仏とは、われわれの生きている現実世界において人格的に完成された存在を意味する。

それに対して、神という存在は仏の霊主である魂そのものをつくった存在である。したがって、神と仏とでどちらが上かというと、このような理屈で考えればすぐわかるはずである。だが、何か勘違いをしたり、混同したりしている人も多いようである。

霊主体従の原理を説いている宗教はいくつもあるが、どうすれば魂を浄化あるいは進化させるのか、その方法を説いていない。実はそこに神が関わってくるのである。

私は、神に触れることによって人間の魂が浄化され進化して神に近づいていくと述べたが、それは、言いかえると人間の魂が浄化され進化するためには生ける神の存在に触れなければならないということである。そして、そこに神の必要性が出てくるのである。

そうでなければ、神は単に〝拝む対象〟というだけの存在になり、人間とは関係のないものになってしまう。

神というものを単に拝み祀るだけのものとしてきたのが今までの神道の考え方であった。しかし、私はそのようには考えない。私は神の存在が、人間が幸せになることに具体的にどのように関わり、また人間が神によって幸せになるにはどうすればいいかについて考えてきた。もともと私の根本的な発想は、この世において幸せになるにはどうすればいいかということであり、それを追求してきたのである。

この世において幸せになるにはどうすればいいか。私はひたすらその方法を追求してきた。そして、遂にそれを発見したのである。

この世において幸せになるための方法とは何か。

答えは徐々に明かすことにして、まずはそれを発見するに至るまでの私の足跡を辿ってみることにしよう。その中にヒントがあり、答えが潜んでいるはずである。

三　神の降臨と生き神の誕生

少年期より仏教の基礎を学ぶ

私は、日本の敗戦の年、昭和二十年十二月十七日に東京都豊島区要町で生まれた。戦地から引き揚げてきた父と母の三人暮らしであった。父の職業はバーテンダーで、銀座のクラブで働いていた。バーテンダー協会主催のコンテストで優勝を果たすなど、銀座でも名の通った腕利きのバーテンダーであったが、なにしろ時代が時代だけに、親子三人がしのいでいくのがやっとであった。

やがて弟二人が相次いで生まれ、三人兄弟になった。

私が小学生になって間もなく、ある日突然、父が言った。

「今日からお前の苗字は高村だ、いいな」

そのときは何のことかまったくわからなかったが、あとで親戚や親の知人などに聞いて、どうやら自分が私生児であったことがわかった。

当時はまだほんの子どもだったので、バーテンダーの父親を本当の親と思い込んでいたが、母親が再婚した人だったのである。死別か離婚か、あるいは別の何かの事情で前の夫（私の実の父親）と別れたあと、母は私の手を引いて新しい夫（二人の弟たちの父親）と結婚したのだった。

敗戦の日本では誰もが空腹をかかえていた。もちろん私も例外ではなかった。栄養状態が極端に悪かったため、平均的な子どもに比べても体は小さく、しかも弱かった。おまけにボンクラ。頭が悪かった。中学に入ってもそれは変わらなかった。

体が弱く、ボンクラというのはいじめられっ子の二大条件でもある。ガキ大将らによくいじめられた。そのたびに怒った母が出ていって、

「こら～、どうしてウチの子をいじめるんや！」

と、悪ガキたちを叱りとばしていた。

そうこうしているうちに、中学を卒業する時期になった。

「さて、これからどうするか」

両親は私の進路について話し合った。

「金もないが、第一、勉強ができない。こんな子を無理して進学させることもないだろう。それでなくても、これから金のかかる弟が二人も控えているのだし……」という結論になった。

「そいじゃあ、丁稚奉公《でっちぼうこう》にでも出すか」

というわけで、卒業と同時に丁稚奉公に出された。奉公先は親戚筋のズボン製造問屋であった。

丁稚奉公と一口に言うが、明治・大正時代ならともかく、昭和になってからはあまり見られなくなっていた。まして私が中学を卒業した昭和三十年代ともなると、そういう話はむしろ珍しいものになっていた。実際、クラスの仲間はもちろん、周囲にもそんな子は一人もいなかった。

中学を卒業し、自宅から奉公先に〝通勤〟する生活が始まった。

私に課せられた仕事といえば、店の掃除に始まり、荷物運び、使い走り、商品の値札付けなど、ありとあらゆる雑用であった。それらを言いつけられるままに黙々とこなすのが丁稚の仕事である。少しヘマをすると、

「バカ、何やってるんだ！」

という怒声があちこちからとんでくる。

いちばん困ったのは、商品の値段を覚えられなかったことである。覚えても記憶力がないのですぐ忘れてしまう。そのたびに叱られた。

奉公を始めた頃、家族そろってある教団に入信した。それは仏教系の教団で、戦後着々と勢力を伸ばし、みるみるうちに大教団に成長していった組織であった。

週末や集会日には両親にともなわれて参加する生活が始まった。これも私にとって新しい経験であった。そこで初めて聞く仏教の歴史や高僧たちの歩んできた道、仏教徒としていかに生きていくかといった話は、私の中に潜んでいた宗教的感性を刺激した。そして少年の日の純粋な心に、水が砂にしみ込むように浸透していった。

この組織についてとやかく言う人もいるが、私はここで過ごした数年の経験によって仏教の基礎知識を身につけることができた。いわゆる「組織訓練」を受けることができたことは、のちの私の活動にどれだけ役に立ったかわからない。そういう意味ではとても感謝している。

あれは入信して二年くらい経った頃だった。青年部の先輩が私に言った。

「これからは学問が必要だよ」

学校に行っていない後輩のことを思いやってのアドバイスであった。

「そうか、やっぱり勉強しなければダメか」

先輩の一言に触発された私は、両親にわけを話し、奉公先を辞めさせてもらって定時制高校に通うことになった。

そうして昼間はアルバイトをし、夜は学校へ通う生活が始まった。

定時制で四年間学び、いよいよ卒業の時期が迫ってきた。そのとき私は考えた。

「自分は同年の仲間より三～四年遅れている。このまま社会に出たのでは最終学歴が〝定時制高校卒〟ということになってしまう。いっそ大学に入ってしまえばそんなことは関係なくなるだろう」

しかし、大学進学なんて、今思えば無謀だった。定時制高校で四年間勉強したとはいっても、大した学力などついていなかったのだから。

結局、初年度の受験は失敗。

翌年に中央大学経済学部（第二部）に合格し、晴れて大学生となった。

私が大学に入った昭和四十年代初頭は学生運動の盛んな時期であった。中でも中央大学は革マル系の拠点となっていたので、学生たちの休講は日常茶飯事であった。私も大学の中庭で、しばしば民青（共産党青年組織）の学生たちとの理論闘争の輪に加わった。

大学に入っても教団の集会には欠かさず通っていた。だが、教団の基本思想は完全な右寄り（右翼思想）であったので、十五歳頃からそこにどっぷり浸かってきた私は民青の連中と真っ向からぶつかり合った。私にしてみれば、「こんなことを考えている奴もいるのか」と、ある意味で新鮮な驚きがあった。

大学に入ってからは大手新聞社をはじめ、さまざまなところでアルバイトをした。バイトに精を出していたので大学は休みがちであった。しかも赤点ばかり。出席日数が大幅に足りないうえに単位数の不足で、四年生になった時点で留年確実ということがわかった。

「どうしよう。ここでまた足止めか……」

と落ち込んでいたところに〝奇跡〟が起きた。

折しも卒業試験の時期に学生運動がピークに達したため、やむなく大学は閉鎖となり、すべての学生に対して試験問題が自宅に送られてきたのである。学生たちは自宅で解答を書き、学校に返送。ということで、その年はなんと全員合格と相成った。

「これぞ、神のお計らい！」

私は手を打って喜んだ。やり合った黒ヘルの学生たちは、いまや私にとってはありがたい神であった。これで正真正銘の「大学卒」の資格を持って社会に出ていける。

病弱で頭が悪く、いじめられっ子の私が、曲がりなりにもここまで来ることができたのだ。

そう思うと胸が熱くなった。

東洋の運命学「易学」に傾倒

多感な少年時代から青年時代にかけて、教団で宗教的感性を磨いてこられたことは、私の人生を大きく方向づけることになった。在学中から運命学に傾倒するようになったのも、教団で学んだことが大なり小なり影響していると思う。

なぜ運命学に興味を持つようになったかというと、自分の中から湧き起こる〝疑問〟の声が日増しに大きくなっていたからである。

その疑問とは、「同じ人間でありながら、ある人間は楽に人生を送ることができる。反対にある人間は苦しみ悩みながら一生を送る。この違いは何なのだ」というものであった。それは一見、単純な疑問であった。

自分が生まれつき病弱で、しかも貧乏であったから、単純にそう思っただけかもしれないが、この単純な疑問に答えてくれるものがなかった。仏教も教団も先輩も誰も教えてくれなかった。

仏教の教えの根源というのは、「人間が人間としていかに完成していくか」ということであり、この世を楽に生きていく方法については教えてくれない。それどころか、この世は〝一切皆苦〟、つまり苦しいのが人生という考え方である。そんなのはイヤだ。「人によって人生はなぜこうも違うのか」という単純な疑問から発して、やがて、宗教をしている自分が、なぜこんな苦労をしなくてはいけないのか、別に宗教をしていなくても楽に楽しく生きている人間がいっぱいいるではないかという疑問に発展していった。

人間はこの世に生まれてくるが、別に苦労をするために生まれてきているのではない。どんな人間でも、この世で楽しく生きていきたいと願っているはずだ。それなのに、同じようにまじめに努力しても、まったく報われない人もいれば、一方ですべてうまくいって人生を楽しんでいる人がいる。

この違いを突きつめて考えるうち、苦労多くして人生を送る人というのは運に恵まれていないのだと気がついた。

「要するに、人生は運が良いか悪いかだ。人生の幸不幸はすべて運の良し悪しで決まる」という結論に達したのである。それが、しいていえば運命学に傾倒するきっかけといえばきっかけであった。

そして、「いい運をつかんで、一生豊かに楽しく生きていきたい。そのためにはどうすればいいか」ということを真剣に考えるようになり、自分なりに幸福な人生を送るための条件をあげてみた。

第一番目は「健康であること」。

第二番目が「才能に恵まれていること」。

第三番目が「運に恵まれていること」。

幸福な人生を送るためには、何はなくても「健康であること」が大切である。私がこれを第一条件にあげたのも、幼少のころから体が弱かったために苦しんできた辛い経験が背景にあったからである。

人間、健康であってこそ初めて豊かで楽しい人生を送ることができる。健康のありがたさ、健康こそ人生の基本条件であるという思いは、体が弱いために苦しんできた者にしかわからないかもしれない。

第二番目の条件は才能に恵まれること。人には生まれながらに基本的な能力というものがあるが、それを伸ばす努力を怠ってはいけないことは言うまでもない。

しかし、いくら健康や才能に恵まれていたとしても、運が悪ければ意味がない。なぜならば、せっかくの健康や才能を十分に発揮することができないからである。そういうわけで、第三の条件として「運に恵まれること」をあげているのである。

いかにすれば豊かで幸福な人生を送ることができるかという問題は、要するにこれら三つの条件をいかに獲得していくかにかかっている。中でも運がいちばん大事である。そして、その運を見分けるのが運命学である。

これが、考え抜いた末に達した結論であった。

魂の進化の度合いが人間の幸・不幸を決定づける

私はこの結論を起点に、それ以後、当然の成り行きとして運命学へと傾倒していった。しかし、のめりこむようにして運命学の研究に没頭していったものの、没頭すればするほどその限界にイヤというほどぶち当たった。

運命学の限界とは何か。

それは、「運というものは自分で変えることはできない。生まれながらに悪い運勢のもとに生まれてきたらどうにもならない」という点である。

運命学というのは、人間はどういうものをもってこの世に生まれてきているかということが基本にある。つまり、不幸な人間は生まれながらに不幸であり、幸せな人間は生まれながらに

だ。

幸せというわけである。

運が悪い人間というのは、人間の本質的（霊的）な成長がない。いわゆる霊的な部分が未発達な者のことを言う。なぜなら、霊的に未発達な人間は肉体的、能力的な面が欠けているからだ。

これとは逆に、能力があって運が良くて健康であるということは、生まれたときから本質的（霊的）な部分が発達した状態ということである。すなわち、人間の幸・不幸というのは、この世に生まれたときに持って来た運の良し悪し、また霊的な成長と浄化の度合いで決まる。

どういうことかというと、例えばオギャーと生まれた人間は小、中、高、大学というように肉体的にも精神的にも成長・発達していくが、人間というものはもっと大きな意味で何世代もかけて成長していく存在である。そしてまた、人間の魂も同じように何度も生まれては死にということをくり返しながら成長、浄化していく存在である。

そういう意味での成長段階で考えると、人それぞれに生まれながらに〝大きな枠〟がすでに決まっていて、その枠の範囲内での成長はあるが、生きているあいだにその枠を越えることはできないのである。

つまり、人は生まれながらに魂が大学生として生まれてきた者と、魂が小学生として生まれてきた者とがあり、仮に小学生として生まれてきたとしたら、その枠の中で若干変われるくらいで、一生を小学生の世界で終えることになる。同じことが各々の枠についても言える。

したがって、生まれながらに〝幸福な人生を送るための三大条件〟である健康・才能・運にも恵まれた、いわゆる〝大学生〟であるならば、一生を大学生として幸せに送ることができる。そういうことから、幼稚園児や小学生として生まれてきた者は、大学生とははじめから競争にならないのである。人間の幸・不幸は魂の進化論の問題なのだ。

こう言いきってしまうと不公平に聞こえるが、魂の進化論というのはある意味で〝平等〟と言える。なぜかというと、今世、大学生として生まれてきている人は、その前は高校生であり、さらにその前は中学生、さらに小学生……というように段階をおって成長してきているからである。

だから、もし今世、小学生として生まれてきた人でも、次は中学生、その次は高校生、さらに大学生というように段階をおって成長していくことができる。結論から言えば、運の良し悪しというのは単に霊的成長・浄化の度合いの問題だけである。

ただし、今世どのように生きるかという本人の生き方にも問題がある。これはカルマというか転世論になるが、前にも述べたように人は生まれながらに霊的成長によって大枠が決められており、それを越えることはできないが、その範囲内で努力をすることが大切である。それがすなわち魂をみがくことであり、少しでも質的向上をはかりたいと願う、人としての当然の営みでもある。

だが、小学生として生まれた者は、今世では死ぬまで小学生であり、次の世では中学生として転世していく。好むと好まざるとにかかわらず、人はそのようにして進化していく存在なのだ。

私は人間の成長というものを、このようにとらえている。

生まれながらに貧乏で体も弱く、これといった才能にも恵まれなかった私が、のちに霊的にも肉体的にも驚異的な能力開花を果たし、多くの人々に「生き神様」と呼ばれて慕われるようになったのはなぜか。その理由はこうだ。

前にも述べたように、人はそれぞれ生まれながらに成長段階における大枠が決まっていて、その枠の範囲内での成長はあるが、生きているあいだにその枠を越えることはできない存在である。

ところが、私は現世の中で魂を急激に進化および浄化して、その枠を乗り越えたいと考えた。本来は乗り越えられないものであるが、乗り越えていく方法を模索したいと考えたのである。

もしその霊の枠を乗り越えることができれば、人は急激に運が良くなり、健康と才能と運に恵まれた幸せな人生を生きることができるのだ。これこそが人間が願う最高の開運法となり、ひいては人類も現在の行き詰まりから大きく飛躍・完成できる方向に向かうはずである。実は、私が霊的世界の探求に入ったのもそのためであった。

このようにして、私は「人間の幸・不幸とは魂の浄化と進化の問題である」という結論に至ったのである。これがいわゆる「霊主体従の原理」である。霊主体従の原理については冒頭で詳しく述べた通りである。

関連の書を読み尽くす

さて、運命学に目覚めてからというもの、それまで大の勉強嫌いだった私が急に猛勉強を始めた。古典から現在に至る、国内外のありとあらゆる関連文献や書物を手当たりしだいに読みあさり、徹底的に吸収していった。あたかも水が砂漠にしみ込むように、膨大な知識が向学に燃える私の脳にしみ込んでいったのだった。

こうして、「九星気学」、「方位学」、「四柱推命」など東洋の運命学の体系を次々と究めていった。

宗教と違って運命学はとても理屈っぽい半面、本質は非常に実践的な学問である。運命学では、理屈よりもとにかく当たることが大事。どういう手段を取ろうと当たることがいちばん。当たらなければしようがないという世界である。そういう意味でも、運命学は実践派の私の性格にピッタリの学問であった。

猛勉強をして知識が蓄積されていくうちに、私の占いはよく当たると評判になってきた。たしかに自分でも不思議なくらいよく当たった。

だが、私はまだ不満であった。高い確率で当てるためには、どうしてもより高度な占いの理論を学ぶ必要を感じていた。

そこで、これも自然の流れであったが、さらに深く占いの本を読み始めた。何でも徹底的にやらないと気がすまない性格の私は、古典から現在に至る占い関連の本をことごとく読破し、主として東洋の運命学を究めていった。

運命学を勉強している頃の私は、正真正銘、本の虫であった。それこそ朝から晩まで読書に没頭して、寝食を忘れるほど読書三昧《ざんまい》の毎日を送っていた。

あらゆるセミナー、勉強会に通う

読書と並行して、さまざまな運命学関係のセミナーや教室にも通った。文字通り、東に手相観の大家がいると聞けば東に行き、西に九星気学の大家がいると聞けば西に行って、その門をたたく日々であった。

今もそうだと思うが、当時、運命学や易学の専門書はとても高価だったし、セミナーや教室に通うのもいくつも掛け持ちしていたので月謝代もバカにならなかった。

現実問題として、学問であろうと何であろうと、先立つものはお金。お金がなければ始まらないというのが私の持論である。

先にも述べたように、大学を卒業して社会に出た頃から、私の占いは自分でも不思議なくらいよく当たるようになっていた。同時に「高村の占いはよく当たる」と周囲からもその実力を認められるようになり、運命学について自信を持つようになっていった。

当然の結果として、占いによる収入もしだいに増え、おかげでお金に不自由することはなくなっていった。そうして稼いだお金のほとんどを、本代やセミナーや教室の費用につぎこんでいた。

私が東洋の運命学に関して自信を持つようになった理由の一つに、流派にとらわれず自由に学んできたことがある。

運命学のダメなところは、それぞれが流派をつくり、自分たちの流派にこだわることである。私としては、要は当たればいいという発想だったので、自由に学ぶことができた。

あらゆる東洋の運命学・易学の勉強を終えた頃、私に新しい出合いが待っていた。それが西洋の代表的な運命学、ホロスコープ（西洋占星術）であった。

ホロスコープ（西洋占星術）に出合う

ある日、女性と新宿を歩いていたとき、

「あなたと相手の相性をコンピュータが占います」

と書かれた看板がふと目にとまった。

「ホロスコープ？　なんだ、これは？」

その頃、私はまだホロスコープについてはほとんど知らなかったので、興味をひかれてふらっと中に入った。

「ぼくとこの女性を占ってみてよ」

まずは〝お手並み拝見〟とばかり、自分と連れの女性で試してみることにした。そばにいた若い男性は、目の前でコンピュータをビューンと作動し、打ち出された用紙を見せてくれた。驚くことに、それがピタッ、ピタッと当たっていたのである。びっくりした私は、自分もやってみようと思い、さっそくホロスコープの勉強をし始めた。

余談ではあるが、ホロスコープといえば、故レーガン元大統領夫人が好きだったことでも有名である。また、ノルマンディーの上陸の日を決定したのも、このホロスコープであったと言われている。

ホロスコープを研究していくうちに、私はそれが日本の旧暦と完全に一致することに気がついた。つまり、ホロスコープと日本の旧暦は、基本的な発想が同じだったのだ。

何事もやるとなったらトコトン究めないと気がすまない性分の私は、やがてホロスコープも究め、気がつくと易者としては日本で最高峰に立つまでになっていた。そのとき二十八、九歳。「東西の運命学ではこれ以上学ぶものはない」という自信と自負が私を支えていた。

私は理論派であるが、実践派でもある。机上の空論をこね回すよりも、実践して成果をあげてこそ本物という実践派としての信念があった。その信念が私を実践の場へと駆り立てたのだった。

政・財界、芸能界の要人たちとの交流

ちょうどその頃、ある人の紹介で芸能プロダクションの本社を訪れる機会があった。そこでは思いも寄らないおもしろい展開が待ち受けていた。

本社のマネージャーと雑談しているうちに、私の話にすっかり魅了されたマネージャーは、その場で私の信奉者になってしまったのである。

マネージャーが信奉者になると、「私の芸名をつけてください」「ぼくのも……」「今度デビューする子を占ってください」と、連鎖的にそこで会う人がことごとく信奉者になっていき、ついにはそのプロダクションの副社長まで信奉者になってしまった。これには私自身すっかり驚いてしまった。

やがて気がつくと、いつの間にかプロダクションの多くの者が私を信奉するようになっていた。

副社長という人も神秘学に関心の深い人物で、毎年の新入社員の研修会も禅寺で行っていた

が、その年は私も誘われて社員研修会に参加した。

研修の合間に、寺の僧たちまでが「私も占ってください」と私を取り囲んだ。

そこでまず感じたことは、「一般の人ならともかく、聖職者であるお坊さんたちにも現世的な欲や悩みがあるのか。僧といえども煩悩があるんだな」ということであった。今思えばごく当たり前のことであるが、青年の私は少なからずショックを受けた。

そうした活動の流れの中で政財界の人たちとの交流が始まり、ある人の紹介で政界の大物に会ったのをきっかけにして、次々に政界、財界の要人たちが私の信奉者になっていった。

そんなある日、財界の超大物から、彼の身内のことで相談を受けた。

たずねられたことをことごとくピタッ、ピタッと当てたために、依頼者であるその人物は非常に驚き、「あなたは日本で最高の易者だ」と手放しで賞賛した。それ以後、すっかり私の信奉者になってしまった。

そのとき私は三十歳になったばかり。相手は政財界のトップクラスの人物であった。

それ以後、政財界の大物たちがひんぱんに私のところにやってきては、「将来、日本は戦争に巻き込まれるでしょうか。巻き込まれるとしたら、いつごろでしょうか」といった重要な問題について相談をもちかけるようになった。

その頃はどこへ行っても人気者で、頼まれるままに占っているうちに「謝礼」というかたちでもらう報酬も相当な額になっていた。

また、毎晩のように接待を受けて、銀座や六本木などで芸能人らとワイワイ楽しく飲食していた。どこに行っても「先生、先生」ともてはやされ、政界、財界、芸能界の要人が自分に頭を下げてお伺いに来るようになっていた。

「俺は日本を乗っ取った！」

そんな慢心がムクムク頭をもたげたのもそんな時期であった。

そういうわけで、二十代後半から三十代前半は、お金には不自由することがなく、政財界の大物からは「先生」と敬われ、私にとって一つの黄金期ともいうべき時期であった。

疑問を感じ、教団を去る

丁稚奉公時代に家族といっしょに入信した教団における活動も、ずっと続けていた。二十代前半ともなると、教団の指導的立場で活躍していた。

そこで知り合った女性と結婚したのは、二十七歳のときである。

結婚後間もなく、教団のトップと本山とのあいだで大規模な争いが起こり、その醜い闘争を目の当たりにした私は思うところがあり、「今日からやめます」のひと言で、妻ともどもあっさり脱会してしまった。少年時代から十数年間も所属していた教団であったが、引き際はあっさりしたものだった。

私が教団をやめた理由は単純明快であった。それはひと言でいえば、「宗教というもの、理論というものは、それを教えている者（トップをはじめ指導者たち）に体現されなければならないはずである。それなのにこの教団は本山とけんかをしている。どうして上も下もいっしょになってけんかをするのか……」というものだった。

要するに、教団のかかえる矛盾に我慢ならなかったのである。その結果、「ここにいてもダメだ。やめよう」ということでサッサと身を引いたのだった。

私は生来、組織人ではなかった。性格的に組織になじまないところがあり、教団でもかなり前から異分子的存在であった。

しかし、人生の早い時期にこの教団と出合い、宗教、とりわけ仏教の基礎を一通り吸収できたことに対しては心から感謝している。特に、私が所属していた教団は宗教学校みたいなものだったので、完成したいと望んでいる者にとっては申し分ないところであった。

私が思うに、仏教でいちばんいけないのは拝仏主義ということである。偶像崇拝はよくない。物はあくまでも物にすぎない。人間が物を拝んで神（仏）になれるわけがない。残念ながら日本の仏教はすべて偶像崇拝になってしまった。

当時から、私には仏教に対する根本的な疑問や批判が根強くあった。教団をやめた理由の一つには、こうした疑問が一因であったことも事実である。

「人間として完成する」という意味

人間は、いかにして人間として完成していくか。これは私たち人間にとって大きな命題である。

私の言う「完成する」というのは、社会的に高い地位につくとか金持ちになるといった世俗的な問題ではなく、人間が本来持っている霊性に目覚め、それによって眠っている能力を最大限に開花させ、その結果として世俗的にも成功するという意味である。

仏教で言う成仏とは、人間の意識レベルが菩薩のレベル、仏のレベルと順を追って成長していって、やがて人間としての意識、人格の完成の域に到達することを意味している。そのため、仏教では世俗的な成功を願うことを禁じ、自分が苦しいときでも人のために尽くし、現世の欲を否定して意識の完成を目指すことを本義としている。しかし、私はその点に大きな疑問を抱き、仏教の限界を感じていたのだった。

その疑問から出発して、先に述べたような、「人間として生まれたからには宗教家としても一生豊かに楽しく生きたい」という内からの欲求の声にすなおに耳を傾けるようになった。そして、それを追求することこそ真の意味で人間が人間として楽しく生きることだと考えるようになったのである。

「人間がこの世に生まれてきたのは、豊かに楽しく感謝しながら生きることが目的であり、悩み苦しみ貧困にあえぐためではないはずだ。生きる喜びを追求することが人間の本来の姿であり、そのためにこそ生まれてきたのだ」

これが仏教に対する疑問から導き出された私の結論であった。

四　古神道との出合い

神不在の新神道

拝物主義の仏教に対して、日本古来の神道は目に見えないもの（霊的なもの）といかに合致するか、一体になるかということを重視してきた。たしかに神道が本来目ざしてきたものはそうであるが、戦後、〝雨後のたけのこ〟のように興ってきた新神道の場合は必ずしもそうではないようである。

私はその点についても疑問を感じていた。

たしかに新神道にも霊的な部分はあるにはあるが、肝心な神が不在である。新神道に欠けているものは〝生きる神の臨在〟である。いちばん肝心なものが抜けている。

それと、自分に神が降りたと主張する教祖や宗教的指導者は多いが、もし神が降りたというなら、その人は経済的な問題はもちろん、すべてにおいて開花するはずである。しなければ神が降りたとは言えない。霊的に開花すれば経済的な問題も自分の力で解決できて当たり前。だから信者に依存する必要はない。

だが、たとえ開花したとしても美しく開花しなければ、その宗教は本物ではないし、その教祖も本物とは言えない。

私が周囲の人たちに口ぐせのように言っていることは、現実世界も精神世界も結局は同じである。教祖と呼ばれる人たちが精神世界ですぐれているというのなら、それを現実世界で発揮すべきである。発揮できないのはおかしいということである。

教祖たる者、信者を食い物にしないで、なぜ自分の手で産み出していかないのか。それができない者は信者を食いつぶすしかないということになる。

教祖になったら、当然あらゆる点で信者の誰よりもすぐれていなければならない。釈迦であろうとキリストであろうと、もしビジネスをやっていたら成功していただろう。成功しなければおかしい。内側が完成されていれば、すべてのことがわかるはずだからである。すべてわかっていれば、何をどうやれば成功するかわかるので、何をやっても成功するはずである。

教祖たちがそろって〝物質的な幸せよりも心の豊かさが大切〟と説くのはいい。それが宗教の本質（建て前）でもある。だが、それはきれいごとであり、私にはやせ我慢のように聞こえる。〝衣食足りて礼節を知る〟という言葉があるが、人間は衣食が足りて初めて礼節のことも考えられるというのが本音ではないだろうか。

傲慢に聞こえるかもしれないが、私の場合は経済面で信者に依存するどころか、援助してやることも珍しくない。傲慢でもなんでもなく、要はお金がなければ人助けもできないというのが、われわれ人間世界の嘘偽りのない実情である。

「教祖たるもの自立せよ。経済面で信者を当てにするな。信者にたかるな」

これが私の哲学であり、また私が主宰する真智会で実践していることでもある。

運命学の限界にぶち当たる

話を戻そう。教団脱会後、三十代の初めにして易者として頂点に昇りつめていたということは先に述べた通りであるが、中でも私が特に力を注いで勉強したのは「九星気学」「四柱推命」「各種の姓名判断」である。そして西洋の易学「ホロスコープ」にも出合い、これを究めた。

九星気学は九つの星を生まれた年月日に分けていくと大体当たるが、ホロスコープはもっと高い確率で当たる。ホロスコープは天体の動きを地上に当てはめていくので、星の位置を正確に見ていかなければならない。こうなると完全にデータ解析の世界である。つまり運命学の世界というのは、すべて計算と統計によって割り出す知的な世界なのである。

このように、運命学というのはまさに知識の世界であり、知的にすぐれた人でなければ究められないものであるが、すべて計算で割り出す世界なので分析評価に終わっている。例えば、「あなたは中学生のレベルである」「あなたは高校生のレベルだ」と、運を分析するだけに留まっているのが運命学である。それが運命学の限界である。運が悪いのをどうすれば良くすることができるかという研究が運命学にはないのである。その研究はもはや運命学の範疇ではなく、宗教の範疇、霊の範疇に入り、学問的には霊学になる。言うなれば、分析の世界から実践の世界に入っていくことになる。

さまざまな修行を行うこともすべて魂の浄化を目指し、自分を神へ近づけていくことであり、それがフィードバックして肉体にも〝運〟というかたちで反映してくるわけである。だから、現世を切り離した考え方というのはおかしい。

こうした考え方をもって、私は運命学から入っていった。まず、今の自分のことがわからなければ始まらないというわけである。事実、運命学と霊学の両方わからなければ本当のことはわからない。なぜなら運命学というのは肉体の面から、その本人の霊の状態を追究していくものであるからだ。

余談であるが、現在の宗教家には運命学がわかっていない人が多いようである。運命学は神秘学の範疇に入ってくるが、やはりこれがわからないと本質が理解できないのではないだろうか。

運命学は分析評価に終わっており、それが運命学の限界となっていると述べたが、そのために易者の大半が霊的な人ではなく分析家に終わっているのはやむを得ないことである。しかも、なお悪いことにそれぞれの流派にとらわれているのである。

そんな中で私が目指した運命学は、あくまでも実践的なものであった。流派や伝統は問題ではない。「とにかく当たればいい。当たらなければ意味がない」というのが私の持論であった。

そこで、九星気学、四柱推命、各種の姓名判断、ホロスコープなどそれぞれでやっても当たる共通的なものは何か、最大公約数みたいなものは何なのかと分析していった。すると、当然ながら精度は非常に高まっていき、その結果、最終的には日本でも最高レベルの易者にのぼりつめることになったのである。

私も各分野の先生について勉強してきたが、あるところまでいくと大体わかってしまうので、その時点でやめ、また次のレベルに進む。それを次々にくり返してきた。現実問題として、それができたのは金とヒマと追求心、それに柔軟な理解力。それらがなかったらできなかっただろう。

一般に易者はお金とはあまり縁がないように思われがちであるが、私の場合は自分で占ったことを現実化する術《すべ》にも長けていたと思う。客筋に政財界、芸能界の要人が多かったということもあり、一般の易者とは比べものにならないほどの収入があった。気がつくと、三十代前半には大きな一軒家を構えるまでになっていた。

幼少期から貧乏暮らしを強いられてきた私にとって、自分の家を持つことは夢であったが、それがこんなに早い時期に実現するとは思ってもいなかった。それだけに、自宅が完成したときの感激はひとしおであった。

それはともかく、最高レベルの易者としてもてはやされていた私にも、易者として個人的な悩みがあった。それは、「占いはどうして完璧に当たらないのか」ということであった。

私の占いはどんなに当たっても八割、もっと正確に言うと六〜七割の確率だった。

〝当たるも八卦、当たらぬも八卦〟という世界であってみれば、これだけ当たること自体、驚異的な確率ではあったが、私は納得できなかった。私としては完璧に当たらないのが不満でならなかった。そしてそのことについて悩んだ。

「これ以上は運命学ではダメだ」

運命学の限界については早い時期に気づいていたが、それを打開する方法については、それまでずっと考えあぐねていた。

「この限界を突破できるものが何かないか……」

そのとき、ふと思い浮かんだのが、高名な易学者・高島象山であった。ちなみに、「象山」という名前は明治天皇から賜ったものである。

なぜ高島が天皇から名前を賜ったのか。それには歴史的に有名なエピソードがある。

日露戦争のさなか、軍部のある者が象山に、「ロシアのバルチック艦隊がどちらの海域回りで日本に攻めてくるのか、その方角を当ててみよ」と占わせた。そして、高島が割り出した海路に軍艦を配して待ち伏せていたところ、果たしてバルチック艦隊がやって来た。ご存知のように、このときの圧倒的な勝利が日露戦争の勝敗を決定づけたのである。

一躍、国家の恩人となった高島は、天皇から「象山」なる名前を賜り、のちに〝運命学の神様〟として尊敬されるようになった。

「どうやってロシアの艦隊の航路を当てることができたのか？」

そう聞かれたとき、象山は、

「神人合一の境地によって当たるのです」

と答えたという。すなわち「神と人（自分）が一体となって占うことによって自分が〝神に通じ〃、それによって当たる」というのである。つまり、神秘的な要素が加わることによって当たるのだというわけである。

これに対して、それまで私がやってきた運命学というのは、星の運行、数字、姓名、方位など、ありとあらゆる情報を総合し、計算して割り出していく〃理論の世界〃であった。つまり、神秘的な要素が入りこむ余地のない世界だった。

「あっ、そうか。理論を突きつめていって割り出す方法には、おのずと限界があるんだ」

これは私にとって大きな気づきであった。

霊的世界（宗教）への目覚め

すでに運命学としては最高レベルにまで到達しており、社会的、経済的には何不足のない生活をしていた私にとって、〃当てる〃ということにおいて完璧でないことが唯一の悩みであった。それが象山のエピソードによって気づきを与えられ、スーッと吹っ切れたのだった。まさに〃目からウロコ〃が落ちる瞬間であった。

こうなったらもう宗教の世界へ行くしかない。象山のように超越的な何かが得られれば、もっと当たるようになるだろう……。象山の言葉に触発されて、私は「神を求めよう」と決心したのであった。

それまで私のいた世界は〝神なし〟の世界であったが、ここにおいて初めて神を求めようと思ったのである。

神を求め、神を迎え入れる準備のない者には神は臨在しない。

運命学の中に運を開く方法がないのであれば、他に方法を求めるしかない。その方法が〝神を求める〟ことであり、霊的修行である。

そのことに気づいた私は、運命学の限界（運命学では運を開くことができない）を打開するために、霊的修行に入っていくことになった。

私はあらためて自問してみた。

「運というものはどこから来るのだろうか」

そして得た答えは、「運というものは、三世（過去・現在・未来）の考え方において小、中、高、大学といったレベルがあるとすれば、前世においてどのレベルで今世に生まれてくるかによってある程度規定されてしまう。ところが、それをさらに突きつめていくと、人間の中にある霊的完成度によって規定される」というものであった。

どういうことかというと、「人間はなぜ生死をくり返しているのか。現世は修行の場だと言われるのはなぜかというと、現世において苦労や努力をすることによって、自らの霊（人間には霊と肉がある）が進化、成長していく。そしてそれが〝運〟にはね返ってくる」ということである。

ところが、「では、運の悪い人はどうすればいいのか。どうしたら運を良くすることができるのか」という問いに対する回答が運命学にはない。

それが運命学の限界でもあるが、この問いに対して私が得た最終的な答えは、「進化、成長していった霊が運にはね返るのであれば、霊を開花させていけば運も良くなる」ということであった。

霊を開花させるための二つの方法

霊を開花させる方法としては、「進化」と「浄化」という考え方がある。つまり、霊のレベルを高めていくという考えと、霊の濁りを除去するという考え方である。

例えば、極端に運が悪くなったというような場合、いろいろな原因によって霊が濁っていることが多い。「霊障」という現象がそれである。殺人や強盗などの悪事を働いたり、水子をつくったりするのも霊が濁る原因となる。つまり、霊の進化と逆の方向のことを行うと霊が濁ると言われている。

霊を開花するためには、このように進化と浄化の二つの方法があるが、この二つの働きは相互に関連していることは言うまでもない。すなわち霊の浄化は霊の進化・成長につながり、反対に霊が濁ってくれば霊も退化してくるわけである。

運命学の限界にぶち当たった私は、これを打開するためには霊の世界、つまり〝宗教の世界〟に入っていくしかないという結論に至った。そしてそれ以後、全情熱をかけて宗教の研究に没頭していくこととなったのである。

宗教の本質は超越的な力が宇宙から与えられること

ここで私の言う「宗教」というのは、それまで学んできた従来の宗教とは根本的に意味が違う。あえて言えば、それはちょうど釈迦が悟りを開いた瞬間の境地に通じるものであり、「超越的な力が宇宙から与えられること」を意味する。

釈迦は出家したあと、悟りを求めて長い間ガンジス河のほとりで生死の境をさまようほどの苦行をしていたが、悟りを開く直前に言った有名な言葉は、「修行は悟りのもとならず」ということであった。つまり、「修行のみでは悟れない」と言ったのである。

修行は悟るための行程としては必要であるが、それだけでは悟れないということに気づいた釈迦は修行をピタリとやめて、弱りきった体を菩提樹の木陰までひきずって行って静かに座っていた。すると、その姿を見とめたスジャータという少女が「ミルク粥」をもって来てくれた。あばら骨が一本一本数えられるほどガリガリにやせ、目も落ちくぼみ、ほとんど死にかけている状態であったが、温かいミルク粥をすすると体が温まってきた。やがて気分も落ち着いて一種のアルファー波の状態になった。

そのときである。巨大な神のイマジネーション（超越した宇宙の真理）が釈迦に向かって渦巻くがごとく押し寄せてきて、釈迦は即座に悟った。

釈迦が悟ったことがわかると弟子たちが集まってきて、「その悟りを私たちにもご教示くださ い」と熱心に懇願した。

釈迦はハタと困った。自分が受け取った宇宙からの真理のイマジネーションをどうやって伝えればいいか……。その真理の内容を弟子たちが理解するには、あまりにも意識レベルが低すぎるので伝えるのが無理だったからである。

結局、弟子たちに伝えるのは不可能だと判断した釈迦は、伝えることを断念した。ところが、弟子たちはあきらめなかった。教えてくれるまではここを動かないという構えで、必死に頼みこんだのだった。

二度までは断った釈迦も、三度も頼まれると、「そんなに言うなら、しかたがない」ということで、弟子たちのレベルでもわかるように真理の初歩の初歩から噛んで含むようにして教えたのである。

見えない世界の探究を始める

さて、易はなぜ完璧には当たらないのかという悩みから出発して、これより先は目に見えないもう一歩深い神秘的なもの（霊的なものや人間の前世や先祖など）が関係するのだろうということに気づいた私は、自らの易のさらなる向上を期して、見えない世界の探究をしようと決意した。

見えない世界の探究といえば、人は昔から「修行」という行為をしてきた。釈迦しかり、キリストしかりである。その他、歴史上の偉大な霊的指導者のほとんどが初期の段階で修行をしている。いかに釈迦やキリストが偉大な聖人であったといえども、はじめは先達に教えを乞い、コツコツと勉強を積み上げて成長していったのである。

肉体をまとって生まれてきた以上、いかなる人間であれ肉の部分の制約を受けないわけにはいかない。その制約の中から霊的部分を発達させ、開花させていくためには、まずはすぐれた指導者に教えを乞い、たゆまぬ努力と学びによって完成へと近づいていくしかない。それは私も例外ではなかった。

修行と言えば、代表的なものに「ヨガ」がある。ヨガとは「神とつながる」という意味である。私自身も三十歳ごろからヨガに興味を持ち、ずっとヨガ道場に通っていた。道場ではヨガの行法である瞑想など基本的なことを学び、夏季には断食も体験していた。

ヨガにはいろいろなポーズがあるが、そのいずれもが気血の流れをスムーズにするためのものである。気血を整えて瞑想に入り、最後はゆったりとして自分をなくしてしまうのである。言いかえるならば、ベーター波を消してしまい、完全なアルファー波、さらにシーター波にしてしまうのである。そうすることで最終的に神とつながるのである。

なぜ神とつながり悟ることができるかといえば、宇宙からイマジネーションがきたときに、それを受けるための準備ができているからである。その意味では仏教の座禅も同じである。ヨガや座禅以外にもさまざまなやり方があるが、いずれもベータ一波を消して完全なアルファー波状態にしていくという点では同じである。古来より人はその方法をいろいろ模索してきたのである。

後で述べる神道の「鎮魂帰神法《ちんこんきしんほう》」というものも、鎮魂は「御霊鎮《みたましず》め」、すなわち瞑想という意味であり、同じである。

ヨガも仏教も神道も、そのスタイルこそ違え、瞑想して神（宇宙の真理）とつながるということにおいては同じである。釈迦だけでなくキリストも瞑想し、神とつながるために瞑想したことはよく知られている。

修行の目的は肉体レベルを下げること

断食の経験のある方はご存知かと思うが、断食を行うと肉体のレベルが下がり感性が鋭くなる。すると、自然に霊的レベルが上がってくるのが感じられるようになる。

前にも述べたように、人は霊的レベルが上がり完全にアルファー波状態、さらにはシーター波状態になったときに初めて神とつながることができる。死ぬ直前や生命の危機にさらされ極限状態になったとき神を見るとよく言われるが、それは肉体レベルがゼロに近い状態になっているからである。

実は、修行の目的は肉体レベルを下げることにあったのだ。肉体レベルを低い霊的レベルまで下げることによって、人は初めて自己の霊と出合うことができる。すなわち神とつながることができる。そしてそれが修行の目的というわけである。

人間には霊的な部分と肉体的な部分がある。例えば眠っているときでも胃や心臓は一時も休むことなく働いており、それによってわれわれの生命は支えられているが、それと同じようにわれわれの意識の奥深いところに霊的な己があり、われわれ人間を人間たらしめているのである。

だが、本来、霊的レベルのほうが低く、肉体レベルのほうが高い。文明が発達し物質的に豊かになればなるほど肉体レベルは高くなり、霊的レベルとの差が大きくなって、その結果、相対的に霊的レベルが低くなっていく。すなわち神を見失っていくわけである。

現在と違って物資の乏しかった戦後の日本に霊的にすぐれた人物が多く輩出しているのも、そのことを裏付けるものであるといえよう。貧困という状況下では、必然的に肉体レベルが低下し、反対に霊的レベルが上昇してくるからである。

物資的なものが満たされなければ、その代償として霊的充足を求めるのは洋の東西や時代、人種を問わず、共通した人間の営みである。

日本における戦中・戦後の新神道の台頭を見る限り、貧困や社会不安が人々の霊的発達をうながす大きな要因になったことは疑う余地がない。

日本人の霊的発達をうながしてきた要因という点に関して言えば、他にもある。それは、日本が〝神の国〟という特殊な国柄である点である。ユダヤ人と同様、日本人は神に選ばれた〝選民〟として、生まれながらに霊性の高い民族である。それゆえに、古来より日本には霊的にすぐれた人物が数多く輩出しているのである。

人間、誰しも霊のエネルギーを持っているが、肉体のエネルギーがあまりにも高すぎるために神が見えないのである。肉体のエネルギーがうんと下がってくれば誰もが神を見ることができる。

肉体レベルを下げて霊的レベルを高める。それが前にも述べたように修行の目的である。

運命学の限界にぶつかった私は、〝神〟を求め、修行の道を模索し続けたのだった。

完璧なるものを求めて聖地インドへ

ヨガ道場に通っていた私は、当然のなりゆきとして、いつかヨガの本場であるインドに行ってみたいと思うようになっていた。その裏には、聖地インドで修行を体験することによって、いかにすれば霊を浄化し、進化・成長させることができるか、その具体的な方法を見出せるかもしれないとの期待があったからである。

すでに述べたように、前世における努力や善行は霊を進化・成長させ浄化させるが、その成果が肉体に反映されるのは来世であり、今世ではない。それを何とか今世において肉体にはね返らせたい、つまり今世で運を良くしたいと考えたのである。実はこれこそが、私が運命学から霊の世界の探究へ入っていった大きな理由であった。

一つの〝開運法〟として霊的修行に踏み切ったのも、そのためであった。

インドを訪れる機会は意外に早く訪れた。

昭和五十年二月、私は仲間数人とともに出かけることになった。

パキスタンの空港に降りたった私達は、車をチャーターして国境を越えてインドに入ることにした。

空港に着いた頃には、すでに西に傾いていた太陽は今やすっかり姿を隠し、四方を夜の帳《とばり》がおおっていた。その漆黒の闇を縫って、車は一路インドを目指して夜通し走った。

インドに着くと、まずガンジス河をはじめ有名な聖地をいくつか見てまわり、ようやくヨガの本拠地にたどり着いた。そこでは世界各地からやってきたと思われる人たちが、めいめいおなじみのポーズをとり、静かに瞑想していた。その中に日本人の姿もちらほら認められた。

そうして、十日余りのインドの旅も無事に終了した。

本場のヨガを自分の目で実際に見てきたことは、私にとっていろいろな意味で貴重な経験となった。

帰国してからも、インドで目にしたヨガのことが頭から離れなかった。そして、日がたつにつれ、「どうもしっくりいかない。自分には合わない」と感じるようになった。

「あれはインド人のものだ。インドだからできることなのだ。なぜかというと、インドには風土としてそういう行者を支えようとする民衆がいるからだ。それに、気候の変化と社会の変化がほとんどなく、百年一日のごとき世界だからこそ行に専念できるのだ」

こうした思いが強くなり、やがて「ヨガは日本人にはとうてい無理だ。こんなに気候の変化と社会の変化の速い日本では無理だ」という結論に至った。

それと同時に、今までそれほど意識していなかった日本のすばらしさに目が開かれていった。そして今さらながら、美しい日本に生まれてきたことの幸せをかみしめるのであった。日本は気候の変化が激しく、四季がはっきりしているために、そこに暮らすわれわれ日本人はさまざまな刺激を五感に受けてきた。だからこそすぐれた美意識が培われ、高度で繊細な芸術も発達してきたのである。

しかも、日本列島は細長いので北の民族と南の民族が渾然一体となり、北と南の文化をすべて吸収し、それをリファイン（洗練・純化）してきた。

宗教にしても同じである。世界のいろいろな宗教が日本に入ってくると、日本式にリファインされていった。代表的な外来宗教である仏教にしても、神道化されて日本の風土にしっかり根付いている。考えてみれば、これはすごいことである。

私にとって、自分がこのすばらしい日本に日本人として生まれてきたという〝意味〟を心の底から感じたのは、そのときが初めてであった。

そうした気づきを得ることができたのも、インドにわたりヨガの修行風景を見たり、インドで生きるさまざまな人々の姿を見聞してきたからこそであった。そういう意味では、インド旅行は計り知れない〝収穫（気づき）〟を私にもたらしてくれたのである。

学問神道になってしまった戦後の神道

私は日本人だ。ヨガは日本人には向かない。日本人には日本固有の宗教があるはずだ。それは何か……。そう考えて模索を続けているうちに、私が最終的に行き着いたのは日本古来の神道だった。

何事も徹底的に勉強しないと気がすまない性分の私は、またもや手当たりしだいに本を読みあさった。今度は神道関連の本である。

また、〝下手な理論よりもまず実践〟と、神道系の道場の門をいくつもたたいた。そして、そこで説かれている教義についても勉強を重ねていった。

私が神道の勉強を始めてまず思ったことは、「戦後の神道は本来の神道とは少し違うな」ということだった。

本来であれば、神様に直接降りてきてもらい、再びお戻りしていただくのが神道であり、その役目をするのが神主の本来の仕事である。ところが、今ではそのつとめを十分果たせる神主がほとんどいない。

神主と宮司の役目がごっちゃになっているのも問題である。宮司の主な仕事は神社の運営であり、神主の本来の役目は神が憑《よ》る対象、すなわち「宿り木」になることである。

したがって、神主は純粋に神に降りていただく（宿り木になる）ことだけに専念し、俗世のことを考えるべきではない。俗世のことは宮司にまかせて、あくまでも神の宿り木、アンテナとしての役目に徹するべきである。

神道の究極は〝神降ろし〟である。いや、神道にかぎらず、宗教は神に通じてこそ宗教であり、神に通じないものは本当の意味での宗教ではない。

ところが、現在の神道ではいちばん肝心な霊的な部分が軽視あるいは無視され、肉的部分、すなわち世俗的なものにとらわれすぎているように思えてならない。

神道を勉強すればするほど、私はこうした矛盾点や疑問に突き当たった。

新神道関連の本を読み尽くし、新神道系の道場という道場に通って勉強をしてきた結果、私が強く感じたことは、「今の新神道には神の臨在がない」ということであった。

新神道だけではない。日本の国家神道である「神社神道」にしても、今では〝学問神道〟になってしまっていると思わざるを得なかった。

現在では誰でも皇學館関係の学校や国学院大学に行って勉強しさえすれば神主の資格が取得できる。また、多くの神社が世襲制をとっており、神主の息子は神主になっている。これは、お寺の僧侶の息子が仏教大学に行って僧侶の資格を得るのと同じことである。私は、これらの点についても納得がいかなかった。

人を霊的に導く役目を負った聖職者がこんなことでいいのだろうか。どこかおかしいのではないか。学問だけでどうして完成することができるのだろうか。こうした疑問が私の中から湧いてきた。

それと同時に、日本の数ある神主の中で、本当に神を降ろせる人は何人いるだろう、神の宿り木となって神の御意思を伝えられる者が何人いるだろうかという思いを強く持つようになっていった。

今の神道は本当の神道ではない。だとしたら、本来の神道とはなんだ。そう考えたとき、必然的に行き当たったのが〝修行神道〟であった。

「よし、もう一度神道の原点にたちかえってみよう」

神道の原点にこそ「本来の神道とは何か」という問いに対する答えが隠されているのではないか。そう私は考えたのである。

鎮魂帰神法と出合う

本来の神道では、神社のそばに滝場があり、神主は毎日そこで滝行を行い、身を清めたうえで神社に関わるさまざまな仕事をしていたが、そのことが意味するものとは何か。神主はなぜ必ず身を清めていたのか。

それを追究するために、日本各地に残るそうした修行の場を巡ってみることにした。

それ以後、文献や地図を頼りに日本各地に残る修行の場を巡っているうちに、ある重大なことに気がついた。それが「鎮魂帰神法」であった。

「これだ。これなくしてはどんな宗教もあり得ない！」

このことに気づいたとき、私は小躍りしたくなるほど興奮した。

事実、神が降りなければ、あとは理屈になってしまう。理屈（学問的知識）で神のことはわからない。要は、この鎮魂帰神法を行うためにこそ修行というものがあるのだ。瞑想法、滝行、その他のあらゆる行もすべて目的は同じ。この鎮魂帰神法をやるためのものだったのだ。今までのすべての勉強や体験は、まさにこれに出合うためにあったのだ。

これが、それまでに運命学、宗教学、神秘学、精神世界関連の本などあらゆる本を読み尽くし、さまざまな教団の道場や勉強会にも参加し、ヨガの本場インドにも渡って実体験をしてきた私がたどり着いた結論であった。

鎮魂帰神法の鎮魂（帰神）法とは、霊魂を鎮めることを言い、古神道において最も重視される行法の一つであり、一種の瞑想法とも言える。また、「帰神」とは神が人に憑依《ひょうい》することで、「神憑《がか》り」とも言われている現象である。

現代の新神道の多くの教祖たちが、この神憑りでもって神のメッセージ（託宣）を下すわけであるが、自覚的、意図的に神憑りの状態に入ったわけではなく、ほとんど無自覚に突然に神が降りてきた場合が多い。

それに対して、意図的に神を降ろそうというのが「帰神法」である。

残念ながら、「帰神法」についての文献はほとんど残っていないが、限られた文献からそのルーツをひもとくと、『古事記』に、仲哀天皇が神后皇后を神主（宿り木）として、天皇が琴をひき、そばで大臣の竹内宿禰《すくね》が審神者《さにわしゃ》（降りてきた神がどんな神であるかを判断する役割の人）として控えたうえで帰神法を執り行った、ということが記されている。

ここに記されているのは、琴師が神主に神霊の憑依をうながし、審神者がそれを判断するという図式である。

ちなみに、このような古代に由来する帰神法のシステムを体系づけたのは本田親徳という神道家であった。本田は鎮魂行法に引き続いて行う行法としてこの「帰神」を位置づけ、「鎮魂による霊魂活動に訓練をふまえて実行すべし」と説いた。

日本の古来の神道にインドのヨガと通じる瞑想法があったことを発見したことは、私にとって大きな収穫であった。

仏教の世界にも禅には座禅という瞑想法はあり、瞑想法は決して日本人と無縁のものではなかったが、ただヨガにしても座禅にしても目的がはっきりしていない。「悟るために行う」といっても、それは単に心を空の状態にするというだけのことであって、目的ではない。

ところが、日本の鎮魂帰神法は、同じ空といっても「神を降ろすため」という大目的がある。そういう意味では、神道における滝行というのは一種のヨガといえよう。

滝行によって身を清め、そして鎮魂帰神法をして〝神を降ろす〟。神を〝求める〟のではなく、滝行で身を清めた我が身に〝直接神を降ろす〟のである。ここがヨガや禅と根本的に違う点である。

鎮魂帰神法について深く学びたいと思ったが、私が知りたいと思うことを記した文献はほとんどなかった。

また、わずかではあるが今でも鎮魂帰神法を行っている神社があると聞き、そういうところも訪ねてみたが、私が納得できるものではなかった。

「ということは、日本の神がいなくなったのではなくて、神を降ろせる人がいなくなったのではないか」

それは思いがけない発見であった。そして次に思ったのは、

「このままでいいのだろうか……」

という疑問である。そう考えると、今まで以上に神道について、特にこの鎮魂帰神法の何たるかについて知りたいという欲求は抑えがたいものとなっていった。

それ以後、私はまるで何かに憑《つ》かれたように、滝行をはじめとする神道の行法に没頭していった。もともとヨガなど各種の修行法を経験していたことから〝下地〟が出来ていたので、いろいろな行法にすんなりと入っていくことができた。しかし、鎮魂帰神法だけは模範となるものがなく、ほとんど手探りで体得していくしかなかった。

無学の境地になる

手探りで鎮魂帰神法を行うようになった頃には、運命学の本も精神世界の本も読み尽くしており、「読むべき新しいものは何もない。もう本は捨てよう」という心境になっていた。そして、ついに本を読むことをピタッとやめてしまった。

これを私は〝無学の境地〟と呼んでいる。

言うまでもなく、この場合の「無学」とは「学ぶものが何もない。すべてを学び尽くした」という意味である。

無学の境地になった時点で、私が特に強く思ったのは次の二つのことであった。

一つは、「もうすぐ男の厄年である四十二歳になろうとしているので、これからは人の役に立つことをしよう」と思ったことである。「厄年」とは、一般の解釈では「災厄の年」ということであるが、私はこれを「人々のお役に立つ年」と解釈した。

どういうことかというと、「自分（私）は三十代までは自分のために生きてきたので、四十代からは自分のためだけでなく人のためにも生きよう。これまで学んできたことを、自分の力や能力を、人のために活かそう。そういう年（厄年）になったのだ」というような心境になったのである。

私が「人間は五十代が最もすぐれている」と考えたのは、四十代ではまだ人間としては未熟であり、かといって六十代になると老化現象が起きてくるので頭の冴えが鈍くなる。そこから、五十代は人間として最高レベルだ思ったからだった。

そこで、四十代、五十代と、人生で最も重要な時期に自分の能力を最大限に出しきって、人のお役に立つことをしたいと強く思うようになったのである。

五　キリストの神や仏陀を超える最高神の降臨

図らずも別荘が神殿に

その頃、ビジネスも順調で、すでに自宅のほかに別の場所に事務所をかまえていた。しかし、そこはほとんど使っておらず、遊ばせているような状態だった。

私は温泉好きで、家族を連れてひんぱんに那須に出かけていた。金回りが良かったこともあり、出かけるたびにかなりの出費をしていた。

そんなある日、妻が私にある提案をした。

「あなた、あそこの事務所をたたんで、いっそのこと那須に別荘を建てましょうよ」

言われてみれば、事務所の家賃は無駄といえば無駄であった。

「そうだな。それもいいな」

私も妻の提案に二つ返事で同意し、さっそく夫婦で那須へ土地探しに出かけた。

那須は土地柄、下のほうの別荘地は上の土地にくらべてかなり安かった。ペンションのオーナーに相談すると、オーナーは、

「お客さん、せっかく建てるならやっぱり上のほうがいいですよ」

と言って、上のほうをすすめた。

「そう。じゃあ、どこかいいところを探してよ。それと、どうせ建てるなら川のそばがいいんだが」

「川のそばがいい」などということは、直前までまったく考えていなかったことであった。思わず口をついて出た言葉が自分でも不思議だったが、その頃、鎮魂帰神法を集中的に勉強していたので、それでそんなことがひらめいたのかもしれないと思い、そのときは特に気にとめなかった。

「それじゃあ、いい人を紹介しましょう」

そう言ってオーナーは、ほどなく山田という地元の工務店の社長を連れてきて紹介した。

「どこか、いいところがありますか?」

私がたずねると、山田は私をしげしげと見ながら、

「ところで、お宅さんは何をやっているのですか?」

と、私の職業を聞いた。

「神様業です」

このときも私の意志とは関係なく、言葉が勝手に飛び出てきたような感じであった。

当時、易者として生計をたてていたが、新たに鎮魂帰神法の勉強をしていた時期でもあり、自分としては本業は神道研究家という意識があったからかもしれないが、それにしても〝神様業〟とはよく言ったものだと自分でも不思議な気がしていた。

ところが、山田はけげんな顔一つせず、

「ほう、神様やってるのっけ?」

と、やけに合点したような調子で、「まかせておけ」と言わんばかりに大きくうなずいてみせたのだった。

それから数日後、山田から川のそばに二百坪の適当な土地を見つけたと連絡があり、さっそく現地に駆けつけた。

「どうです、ここならいっぺ(=良い)や」

「坪いくらなの?」

「五万円」

五万円ということは、土地だけで一千万円ということになる。しかも、住宅ではなく別荘ということで、五年、十年という短期間で返済しなければならない。

当時、生活にはまったく困らないだけの収入はあったとはいえ、まだ四十歳になったばかりの私にそこまでの余裕はなかった。

「それはちょっと無理ですよ。そんなお金、ないです」

私が言うと、山田は、

「お金はいっぺ、いっぺ」

と、こともなげに言うのである。

「ほんとにいいの？」

「ああ、いっぺ、いっぺ」

私は驚いたが、山田が冗談を言っているようには思えなかったので、つい調子にのって、

「どうせ建てるんだったら、枠組みもきちっとして、できたら温泉も引きたいね」

と言うと、山田は「いっぺ、いっぺ」と笑いながら承諾してくれた。

「さっそく地鎮祭をやりまっしょ」

ということになり、神道研究家を自認する私自身がこの祭事を執り行った。

地鎮祭で神主の役目をしながら、何か見えない大きな力に動かされていることをぼんやり感じていたが、そのときはまだ自分が神の大いなる計画に組み込まれて動かされていることに気づいていなかった。

「神様は高いところが好きっぺ。基礎はうんと高くしよう」

「そいつは、いいですね」

私もすっかりその気になって、輪をかけたように大きくなっていく山田の提案に上機嫌でのっていった。

基礎はうんと高くしようと言ったのはいいが、山田はなんと一メートル八十センチもの基礎をつくってしまったのである。基礎の下部は広い倉庫にする予定であった。

これには私もすっかり度肝を抜かれたが、山田は相変わらず平然としていた。

「ほんとにいいの？」

何を聞いても山田は、

「いっぺ、いっぺ」

と答えるだけであった。

さすがに資金のことが心配になってきたので、私は不動産屋に行って、「実はこういう状況ですが、これで建てた場合、いくらぐらいになりますか」と建築費を概算してもらった。すると、基礎だけで五百万はかかるという。

「土地が一千万円、建物の基礎だけで五百万円。これが完成するとなると……。エーッ、そんなお金ないよ」

山田に、「それでもいいの？」と念を押すと、返事はやっぱり「いっぺ、いっぺ」で、勝手にどんどん進めていくのであった。

神の遣い？　奇妙な棟梁

「神様やるんなら、こっちの部屋は神殿にしたらよかっぺ」

基礎工事の完成が目前になった頃、山田はこう提案した。

「神殿？　エエーッ！」

いくら神道を勉強しているといっても、私としては神殿を建てようなどという発想は今の今までないことであった。

「そうさ、神殿さ」

相変わらず山田は涼しい顔をしているので、どうもおかしいと思ってそのあたりのことを本人にたずねたところ、神道系の女教祖の家を最近建てたばかりだという。その家のことが頭にあったので、「神様業」と聞いただけで、「ああ、あんな家を建てればいいんだ」と勝手に思い込んだらしいのだ。

「ちょっと、参考までにその家を見てみるっぺ」

と言って山田に案内された教祖の家は、やはり川のそばにあった。しかし、住まいといっても外観は神殿そのもので堂々とした建物であった。

もちろん内側も立派なつくりになっていた。二階はすべて白木の横張りで、天井も白木の格子天井である。

神殿の神様を祭ってある祭壇の重厚なドアは、開閉するたびに「ギーッ」と重々しい音をたてた。

「ギーッ」

「ああ、いいねえ。この音」

うっとりして私が言うと、すかさず山田が言った。

「そんなら、それにすっぺ」

――それにすっぺと簡単に言うけれど、お金はどうするの？

「いっぺ、いっぺ」

資金の問題は最初から不思議でならなかったが、それにはカラクリがあったことがあとでわかった。それも一つのドラマであったが、かいつまんで説明すると以下のようなことである。

東京のある神道系の女性教祖、この女性は多数の信者を擁する中堅の教団の教祖であるが、彼女に、あるとき神から「那須に行け」というお告げがあったという。

そこで教祖は幹部を連れて那須を訪れ、上のほうの茶屋で一服していた。そこにたまたま例の山田が入っていったところ、教祖が山田に、「おいで、おいで」と手招きをした。

「何だろう」と思いながら山田が近づくと、教祖はいきなり、「おまえに神殿をまかせる」と言った。教祖に神よりお告げがあったとき、「那須で初めて会った男に神殿建設をまかせよ」と言われたのかどうかは定かではないが、ともかく山田は降って湧いた幸運に有頂天になってしまった。

「神殿を建てる前に、まず私の家をつくりなさい」

教祖に言われて建てたのが、私を案内した神殿風の家だったのである。

山田としては、このあとに総工費数十億円の大神殿の建設が控えていたので、私の話はまさに〝神様がまた神様を連れてきた〟幸運だと思えた。

そのため、「この神様を大事にしておけば、あとの大仕事がうまくいくだろう。神様のご機嫌をそこねると肝心の大仕事に支障がないともかぎらない」と、勝手に解釈したというわけである。

私と出会ったのはそんな時期だったので、山田としては、私から「神様業」と聞いただけで、「タダでもやってやろう」という気持ちになったのだった。

見知らぬ人からの寄進

そんなわけで、十分な資金がなかったにもかかわらず、山田のペースで工事はどんどん進められていったのである。

不思議なのはそれだけではなかった。神殿建設中にも不可解なことがいろいろ起こったのである。それまで順調にいっていた易者としての仕事が、思わぬところから横ヤリが入り、突然できなくなったこともその一つであった。

あとになって考えてみれば、有能な易者としてもてはやされ、高収入を得ていたのが、急にできなくなったということは、「占いはもういい。それでおしまいにせよ。つまり精神世界でお金をかせいではいけない。これからはその能力をもっと多くの人々のために使いなさい。三十代までは自分のために生きてきたが、四十代からは人のために生きなさい」という意味であった。もちろん、これはその時点では気がつかず、あとでわかったことである。

しかし、その時は、神殿はどんどん出来ているというのに収入はピタッとなくなってしまったものだから、現実問題として困ってしまった。今さら工事を中止するわけにもいかず、どうしたものかと悩んだ末に山田に訳を話すと、少しも驚いた様子もなく、「なんとかなるっぺ」と言って、工事の手をゆるめないのである。

こういうこともあった。

完成を間近にひかえたある日、私が玄関に立っていると、突然見知らぬ人がフラフラと寄ってきて、「何が出来るのですか」と私にたずねた。

「一応、神殿というカタチになっています」

と答えると、その人はやっぱりというような顔をして、

「そうですか。だったらぜひご奉納したいものがあります。ここは参道になりますよね。ここに手水鉢《ちょうずばち》をご奉納したいのです。ある有名な神社にあったもので、天然の原石をくりぬいて出来たものです」

と言うのである。びっくりした私が恐縮して、

「信者さんでもない方から、そんな高価なものをいただくわけにはいきません」

と辞退したが、

「いえ、いいのです。ぜひ置いていただきたいのです」

と強く申し出るので、その場はいったん引き取ってもらい、山田に相談したところ、

「ああ、その人なら知ってるよ。そんなに言ってくれるのなら一万円でも払ったらいっぺ」

と、こともなげに言うのであった。

結局、気持ちばかりの一万円を払い、手水鉢を納めてもらうことにした。

異空間に建つ神殿

だんだん建物の外装が進むにつれて、家具屋をはじめさまざまな人が訪ねてくるようになった。家具などいろいろなものを発注したが、それらを業者が届ける際、途中で何度も道に迷ってしまい、なかなかたどり着けないというようなことが何回かあった。

近辺の地理にくわしいはずの地元の家具屋でさえ、「さんざん迷いました」と、ふだんの何倍もの時間をかけてようやく着いたこともあった。

今思うと、那須に別荘を建てようと思いたち、土地を探しにそのゾーンに入った頃から様子

がおかしかった。その土地に入ってからというもの、たしかに奇妙なことばかり続いていたのである。

建設を一手に請け負った山田という人物に出会ったことも、また別荘を建てる計画であるにもかかわらず、彼が採算を度外視してでも神殿をつくろうと思った、その発想自体、異常といえば異常であった。

あとでわかったのであるが、神殿の建てられた一帯は完全に磁場、すなわち土地のエネルギーが他の場所と違っていた。つまり、神が降りるために、その一帯のエネルギーが変わってしまっており、完全に異空間となっていたのである。

神殿に行くまでの地図は決して複雑ではなく、誰でも簡単に着けるはずであるにもかかわらず、多くの人が道に迷ってしまってなかなかたどり着けなかった原因はそこにあったのだ。

実際に私が磁石を使ってその土地のあちこちで方位を調べてみたところ、針はグルグル回るばかりで定まらなかった。おかしいと思い、別の磁石でも実験してみたが、結果は同じであった。

こうした現象は別段珍しいことではない。修験道の本拠地や神社の境内、古墳のそばなどでは大小の差はあれ、同じような現象はよく見られる。しかし、そうした現象がここ神殿の一帯では桁外れに強烈であった。それは、そこに立ち入ると人間の頭脳（意識構造）さえも影響を受けてしまうほど強烈なものであった。

御神体は天之御中主神

いよいよ完成間近になった頃、神殿であるからには御神体を入れなければということになった。

「さて、どうしよう」

神々の系図をながめながら妻と二人で思案した。

「どうせなら、いちばん偉い神様にしようや」

「それもそうね」

ということで意見が一致し、最高神である「天之御中主神《あめのみなかぬしのかみ》」に決めたのである。

天之御中主神の〝天〟というのは「宇宙」をあらわしており、天之御中主神とは「宇宙の真ん中の主の神」という意味である。ということは、天之御中主神とは「宇宙の根源の意識」、つまりビッグバンが起こったときの根源の意識であり、その広がり（霊的広がり）がすべての創造物に及んでいるのである。

この根源の意識を日本の神道では天之御中主神といい、キリスト教では「天の父」、イスラム教では「アラー（ア＝根源、ラー＝神）」と称している。それぞれ呼び名は違っているが、指しているものはみな同じである。同じものを言うのに、いろいろな方言で言っているようなものである。

そういう観点から見ると、宗教戦争というものがいかに愚かなものであるかということがわかる。同じ神が争うわけがないからである。宗教戦争とは神の名を借りた人間同士の争いにすぎない。

――ということで、さっそく友人の知り合いの書道家に頼んで、天之御中主神という神名を白紙に書いてもらうことにした。

出来上がった何枚かの白紙を並べてみて、いちばんよく書けていると思われるものを選び、それを表装屋に表装してもらった。

これで御神体が出来上がった。

これもあとでわかったことであるが、神道では最高神である天之御中主神は、おそれ多いという理由から言葉で表してはいけないことになっているという。そういうこともあって、天之御中主神を祀っている神社は今でも全国に数えるほどしかない。あっても、実際に天之御中主神が降臨するところとなると皆無に近い。私が調べたところ、千葉に天之御中主神を祀った神社があるにはあったが、そこでは占いの神様として祀られていた。

つまり、天之御中主神は今まで日本に降りたことのない神だったのである。それを私はまったく無意識のうちに祀っていたことになる。

おそれ多くて祀ってはいけない神を祀ったということ自体、神道の専門家から見れば異常とも言える行為であった。

神の命により大鏡を発注

御神体が出来上がったので部屋の中央のしかるべきところに納めてみると、急に周辺の神具を揃えたくなった。そこで、東京の神具屋に出かけて大きいものをいくつか注文した。

神具屋で神具について相談していたときのことである。急に、

「大きな丸い鏡をつくれ。とてつもなく大きいものでなければならない」

という声が私の耳に聞こえてきた。もちろん、はっきり音声として聞こえたわけではなく、

内側からイメージとして浮かんできたのである。

そんな大型の鏡をつくってもらえるかどうか店主に聞いてみると、「そんなものは東京ではつくれません。京都の神具屋さんに頼んでみてはどうですか」と、京都の神具屋を紹介してくれた。

ただちに京都の神具屋に鏡を発注したのはよかったが、私が「元旦の祭りの日までにつくってほしい」と言うと、先方は「とてもそんな短期間では無理です」というのである。そのときすでに十一月の半ばになっていたので、神具屋が渋るのも無理のない話であった。

私自身も理性ではわかっていたが、一方で「大丈夫だ、つくれ」とそれを凌駕《りょうが》するような大きな声が聞こえてきて、一歩も引かせまいとするのである。有無を言わせないその声に押されつつ、半ばもうろうとした意識の中で、もう一人の私が必死に神具屋を説得していた。

「それじゃあ、やります」

私の気迫に押されたのか、あるいは別の力が作用したのか、神具屋はしぶしぶながらも承諾した。

こうして鏡の一件も落着し、神殿としての体裁はほぼ整った。だが、ただでさえ収入のない時期にこれらの備品を買うために有り金はすべてはたいてしまい、スッカラカンになってし

古事記による神々の系図

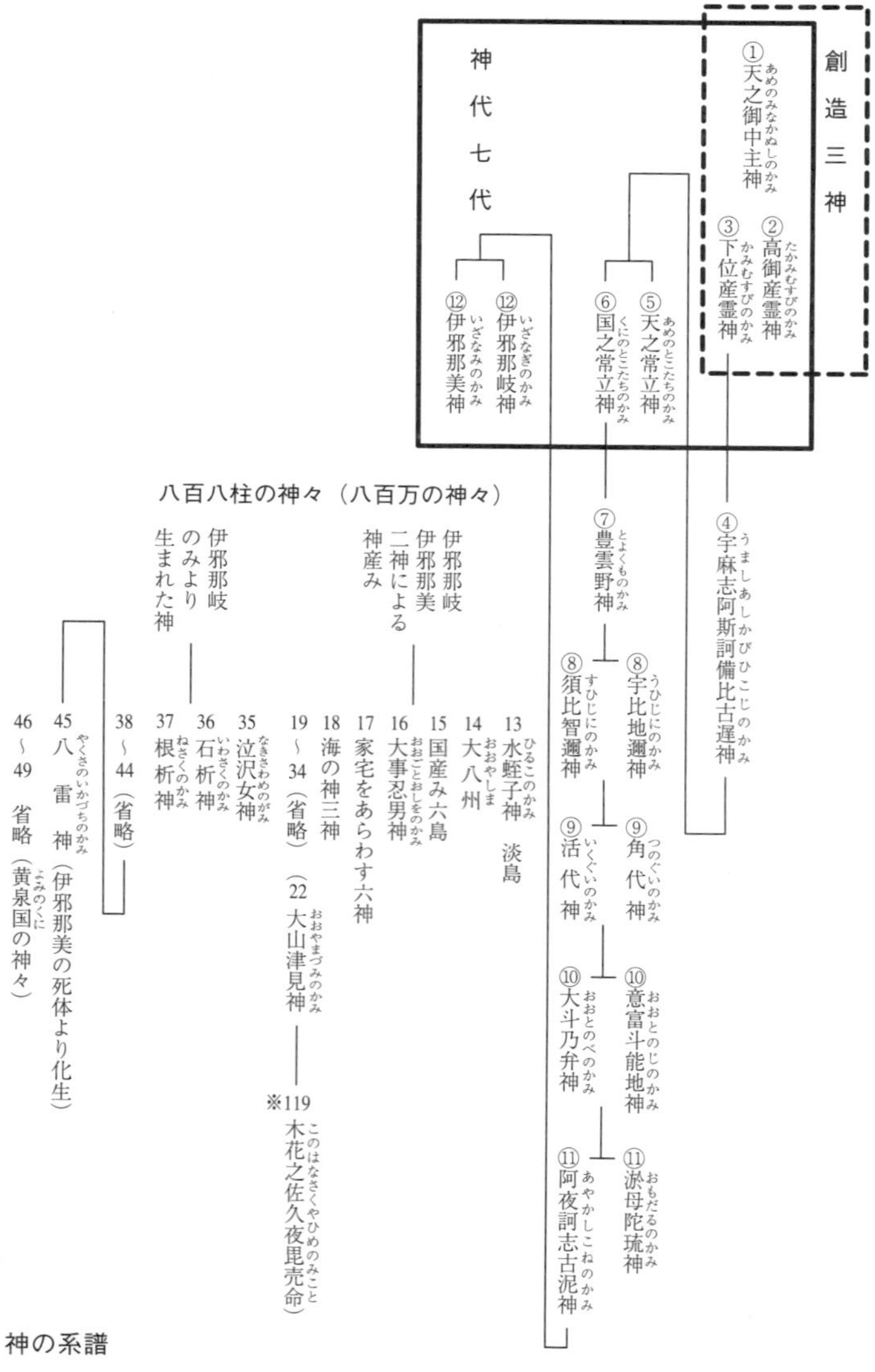
創造三神
①天之御中主神《あめのみなかぬしのかみ》
②高御産霊神《たかみむすびのかみ》
③下位産霊神《かみむすびのかみ》
④宇麻志阿斯訶備比古遅神《うましあしかびひこじのかみ》
神代七代
⑤天之常立神《あめのとこたちのかみ》
⑥国之常立神《くにのとこたちのかみ》
⑦豊雲野神《とよくものかみ》
⑧宇比地邇神《うひじにのかみ》
⑧須比智邇神《すひじにのかみ》
⑨角代神《つのぐいのかみ》
⑨活代神《いくぐいのかみ》
⑩意富斗能地神《おおとのじのかみ》
⑩大斗乃弁神《おおとのべのかみ》
⑪淤母陀琉神《おもだるのかみ》
⑪阿夜訶志古泥神《あやかしこねのかみ》
⑫伊邪那岐神《いざなぎのかみ》
⑫伊邪那美神《いざなみのかみ》
八百八柱の神々（八百万の神々）
伊邪那岐 伊邪那美 二神による 神産み
伊邪那岐のみより生まれた神
13 水蛭子神《ひるこのかみ》 淡島
14 大八州《おおやしま》
15 国産み六島
16 大事忍男神《おおごとおしをのかみ》
17 家宅をあらわす六神
18 海の神三神
19～34（省略）（22 大山津見神《おおやまづみのかみ》
※119 木花之佐久夜毘売命《このはなさくやひめのみこと》）
35 泣沢女神《なきさわめのがみ》
36 石析神《いわさくのかみ》
37 根析神《ねさくのかみ》
38～44（省略）
45 八雷神《やくさのいかづちのかみ》（伊邪那美の死体より化生）
46～49 省略（黄泉国《よみのくに》の神々）

神の系譜

以下伊邪那岐の禊ぎのときに化生した神々

50 衝立船戸神《つきたつふなとかみ》ほか十一神（禊ぎ祓いの祈りに投げた櫛より化生した神）

51 八十禍津日神《やそまがつひのかみ》

52 神直毘神《かむなおびのかみ》

大直毘神《おおなおびのかみ》

伊豆能売神《いづのめのかみ》

53 底津綿津見神《そこつわたつみのかみ》

中津綿津見神《なかつわたつみのかみ》

下津綿津見神《しもつわたつみのかみ》

54 底筒之男命《そこつつのをのみこと》

中筒之男命《なかつつのをのみこと》

下筒之男命《したつつのをのみこと》

三貴神

55 天照大神《あまてらすおおみかみ》

56 月読神《つきよみのかみ》

57 建速須佐之男神《たけはやすさのをのかみ》

59 正勝吾勝勝速日天之忍穂耳命《まさかつあかつかつはやひあめのおしほみみのみこと》

114 天津日高日子番能邇邇芸命《あまつひこひこほのににぎのみこと》

※119 木花之佐久夜毘売命《このはなさくやひめのみこと》

120 天津日高日子穂穂手見命《あまつひこひこほほでみのみこと》

122 豊玉毘売命《とよたまひめのみこと》

124 鵜葺草不合命《うがやふきあえずのみこと》

123 玉依毘売命《たまよりひめのみこと》

1 神武天皇《じんむてんのう》（初代天皇）

124 昭和天皇《しょうわてんのう》

85 須勢里比売命《すせりひめのみこと》

80 大国主命《おおくにぬしのみこと》

天孫降臨に関する神々

115 猿田毘古神《さるたひこのかみ》

116 天石門別神《あめのいわとわけのかみ》

日本の

まった。文字通りゼロからの出発であった。

やがて工事も無事に終了し、当初の予定である別荘とはガラッと趣の変わった建物が完成した。建物へ至る道には階段が設けられ、その途中には例の手水鉢が据えられ、どこから見ても立派な神殿であった。

こうして昭和六十三年が暮れ、昭和六十四年の年が明けた。

前年より伏せておられた昭和天皇が崩御されたのは、年が明けて間もない一月八日のことである。

昭和天皇の崩御の前後から、私自身も少しずつ精神状態に変化が現れるようになった。まだおぼろげではあったが、時折、「自分であって自分でないような、誰か第三者が背後から自分を動かしているような妙な感覚」を覚えるようになっていたのである。

初めて御鏡御拝の法を行う

間もなく京都から鏡が届いた。短期間で仕上げるために、職人たちが何日も徹夜したに違いない。厳重な梱包を解いて鏡を取り出すと、なるほど見事な出来栄えであった。破格の逸品で、値段も数百万円した。

前面から背後から、そして側面からとあらゆる角度から鏡の出来栄えを確かめているときである。

「おや？」

異常を感じて注視してみると、なんと鏡の表面が波打っていて、ゆがんで見えるではないか。これは大変！　とばかり、急いで京都の神具屋に電話すると、

「そんなはずはありません。出荷の際、うちですべてチェックしていますから。そんなことは絶対あり得ません」

「いや、現にそうなっているよ」

「いえ、あり得ません」

神具屋は、「老舗の誇りをかけて誓うが、絶対にあり得ない」の一点張りであった。お互いに譲らず、水かけ論になってしまった。祭りの日を目前に控えて、今さら再発注など不可能であった。

「しょうがない、これでやっちゃえ」

結局、私が折れた。あとでじっくり調べてもらえばいいと思い直し、とりあえずこの鏡で間

に合わせることにした。

大人二人がかりで、神殿の軸の前にしっかりと据えた。軸が隠れるほどの大きな鏡の前に立って自分の姿を映して見ているうちに、ふと「御鏡御拝《みかがみぎょはい》の法をやろう」という気持ちが私の中から湧いてきた。

御鏡御拝の法とは、古神道の行法の一つで、本来は「神が神を見る」という意味を表すものである。御鏡御拝については神道関連の文献にも出ているので、昔は実際に行われていたのは確かである。

しかし、近年になってからは正式な形でそれを行った人はいない。なぜなら、現在は小さな鏡を用いているので、やろうにもできないからだ。

御鏡御拝の法をやろうと思いついた次の瞬間、私はハッとした。

神が自分に大きな鏡をつくらせたということは、この御鏡御拝の法をやらせるつもりだったのだ。最初はこんな大きな鏡をつくるつもりなどまったくなかったのに、神具をそろえているうちに急に必要を感じて注文をしたが、今思えばそれは神の御意向だったのだ。神がつくらせたのだ。この自分に本当の御鏡御拝の法をやらせるために、あえて大きな鏡を用意させたのだ。

そう言えば、あのとき神具屋が「そんな短期間ではつくれません」と固辞したにもかかわらず、私の中で「大丈夫だからつくってくれ」という声が聞こえてきたので強く頼んだのだった。それも神が言わせたことだったのか。

そういう思いが強くしてきたのである。

御鏡御拝の具体的なやり方については文献にも出ていないので、手探りでやるしかなかったが、結果的に正しいやり方になっていた。

基本的なやり方としては、まず鏡の前に座り、上半身を映す。その際、両側に信者が座り、信者の姿がそれぞれ半分ずつ映るようにする。鏡に映し出される姿は己であって己でない。すなわち神の姿が映るのである。

過去世を映し出す鏡

神殿が完成したからには、神殿開き（神殿祭）をしなければならない。年の瀬も押し迫っていたので、年のあらたまった元旦（平成元年の一月一日）を神殿祭の日と決めた。図らずも昭和から平成へと元号のあらたまった年の年頭に神殿開きをする運びになったことも、考えてみれば不思議であった。

祭りの日を目前に控えたある日の深夜、私は一人鏡の前に座りじっと見ていると、そこに映し出された自分の顔と着ている服装が次々といろいろなものに変わっていった。あるときは白人に、あるときは黒人になり、最後には仏陀やキリストの顔になった。

「何だ、これは？」

ギョッとしたが、次の瞬間、それは何代にもわたって転生してきた自分の姿が映し出されていることがわかった。鏡の中の顔や姿は変わっていったが、もちろん実際に変わるのではなく、鏡を見つめている私の意識構造が変わっていたのである。鏡はいわば〝精神構造を根本から変える装置〟なのであった。

ふつう、人間の意識というのはガチガチに固まっているので、それを根本からぶち壊さない限り神とはつながれない。

この大きな鏡は、ガチガチに固まった人間の意識を壊してくれる装置だったのである。それだけに扱いには細心の注意が必要であった。間違った使い方をすると、取り返しのつかないことになるからである。

まだ準備の出来ていない人がこの鏡を見ると、本当に精神に変調をきたしてしまうおそれがあるので、現在、鏡は半紙によって封印されている。

最高神の降臨

当日の平成元年一月一日には、以前占いをしてあげていた人たちに声をかけて集まってもらった。

元日であるにもかかわらず、朝早くから多くの人が駆けつけてくれた。みんなは一様に、「この人はいったい何を始めるのだろう」といった怪訝《けげん》な顔をしていた。

腕のいい易者として名をなした人物が神殿をつくった。果たしてこれからどういう展開になっていくのだろうかと、誰もが興味津々《しんしん》であった。

出席者が大体そろったところで、私がみんなの前に出て、あいさつをしようとしたときである。

「皆さん、おはようございます。本日は元旦であるにもかかわらず、遠方よりお越しいただき、誠にありがとうございます」

と言おうとしたところ、言葉が詰まって出なくなった。

次の瞬間、突然、自分の意志とは関係なく口が勝手に動いて言葉が飛び出してきた。それは、普段のおだやかな私の声とは明らかに違う、重々しく威厳に満ちた声であった。

「無礼者、頭《ず》が高い。わしは天之御中主神なるぞ。参拝せ〜い！」

何事だと呆気にとられて私を見つめている人たちに向かって、その神は「神の目を直接見るでない」と重々しい口調で述べた。

自分でも「な、なんだ、これは？」といった感じで、何が起きたのか訳がわからない。

実は、それこそが〝帰神〟、つまり御神体として祀った天之御中主神が私に降りた瞬間であった。

これには、出席した人たちも非常に驚いた。しかし、何といってもいちばんびっくりしたのは私自身である。

仕事を失い、お金もスッテンテンになったところに、気まで狂ってしまったかと、妻の驚きも計り知れないものがあったようだ。

そういうわけで、神殿開きのお祭りは思いもよらぬハプニング。おかげでめでたい神殿祭は大混乱のうちに幕を閉じたのであった。

「神が降りる」とはどういうことか

ところで、神が降りるとはどういうことを言うのだろうか。

それは、一口で言うならば、別の意識が無理やりに入り込んでくることである。神が降りた状態というのは、別の意識が強引にもぐり込んできて、自分の意識と同居している状態である。別の意識が同居するといっても、「多重人格」とは根本的に違うものである。

人間には誰しも多重人格的なところがあるが、テレビなどでよく取り上げられているような例は、ほとんどすべてが当人の〝思い込み〟といえよう。実際には多重人格などというものは存在しない。なぜなら、一人の人間の中に思考というものが二つも三つもあったら、その人の意識が壊れてしまうからである。これを車でたとえるならば、ブレーキとアクセルは違うものである。違う二つのものを同時に踏んだら、統一性がなくなって車は壊れてしまう。

人格が二つ以上存在するということは、それと同じである。いくつもの人格があったら肉体そのものが破壊されてしまう。だから、複数の人格が同時に存在することはあり得ないのだ。「一人の人間の中に何人もの人が同居している」というのではなく、「何人もの人がいるという思い込みがある」というほうが正しい。そして、それぞれの状況に応じて演技をしている。つまり、いろんな人物をつくりあげているのである。

多重人格者は、多くの場合、現実が辛くて受け止められないために違う人物になってしまおうとする。違う人間になって、現実の辛さをその人間に負わせ、自分はそこから逃げているのである。

それと神が降りる現象とはまったく違うものである。

神が降りるというのは、先にも述べたように、自分とはまったく違う偉大な意識が否応なくもぐり込んでくることを言う。

もしそうなった場合、たいていの人はその時点で意識が壊れてしまう。なぜなら、それが人の意識の許容量をはるかに超えるために耐えられなくなるからである。受け皿そのものが破壊されてしまうのである。

それに、神と人、この二つの意識が一人の人間の中に同居するなどということは、土台、無理なことである。だが、それが必要上どうしても行われるケースがある。それが今回の私のケースであった。

神はなぜ降りたのか。

しかも、年号が昭和から平成にあらたまった年の元旦という特別な日に——。

このことについては後ほど詳しく述べるとして、その前に〝神〟について少し説明しておきたいと思う。

神とは何か

神とは何か。

難解な問いである。

一言で言うならば、神とは宇宙の根元の意識である。もっと言えば生命であり、究極的な表現をすれば〝霊〟そのものである。

この宇宙の根本神（究極霊）を、神道では天之御中主神《あめのみなかぬしのかみ》と言う。この天之御中主神が陰陽に分かれてタカミムスビノカミとカミムスビノカミ（以上の三神を「創造三神」と言う）になり、さらに分化して五神になり、七神となって完結する。そして最後に人間の霊がつくられていくのである。それが古事記に登場する人間の始祖イザナギ、イザナミである。

人間が登場するのは、このイザナギ、イザナミ以降のことである。

神道の神々の系図で〝天の五神〟と呼ばれるのは、この五神のことであるが、根本神は天之御中主神とその分霊であるタカミムスビノカミとカミムスビノカミの三柱の神しかいない。それ以外の神はすべて環境を具体化したものである。

そうやって根本神が分化をくり返し、いわゆる〝八百万《やおよろず》の神〟となるわけである。「八」は「開く」という意味を表すので、八百万とは無限ということである。

キリスト教やイスラム教などの一神教では、神と人間は別の存在と考えるが、神道では森羅万象を神の現れととらえる。そこに〝すべてに神を観る〟という日本独特のアミニズム（汎神論）の発祥がある。人間が神の〝分け御魂《みたま》〟と言われるのもこのような考え方に基づいている。

このような考えに基づき、古来より日本人はあらゆるものに神を観てきた。言いかえるならば、それだけ直感のすぐれた民族と言うことができる。

人類の祖先は霊的五感をふさがれて誕生した

霊界そのものはもともと完璧であり、霊の世界には時間と空間は存在しない。つまり横軸のない世界であり、最初から完全であり、変化のない世界。これが霊の世界である。

霊体にも人間（肉体）の五感に対応する霊的五感があり、人間は霊的五感と肉的五感の両方を与えられて完璧な存在になる。

原初の人間（聖書のアダムとイブ、あるいは日本神話のイザナミとイザナギなど）はこの両方を始めから与えられ、エデンの園（高天原）に住んでいた。

そこは肉的五感も霊的五感も完全に開花した世界であり、死の恐怖もなく肉体も知性も完璧に機能する世界である。まさに人間にとって究極の世界、ユートピアであった。

それは何を意味するかと言えば、原初は人間の霊と肉が一体となっていたことを意味している。霊と肉が合体している姿が人間の本来の姿なのである。

ところが、幼い肉体は進化の道をたどらなくてはならなくなった。そのためにアダムとイブは究極の世界（エデンの園や高天原）から追放され、ヒルコは島流しに遭うことになる。

これはどういうことかというと、人間は霊的五感を〝ふさがれた〟状態でこの世に誕生させられたことを意味している。霊的五感を冬眠状態にされて誕生した存在、それがわれわれ人間なのだ。

実は、聖書と古事記における二つの物語は同じことを意味している。物語の細部はどうであれ、そこに書かれた内容は完全に一致している。どちらも同じ神の創造の物語を記したものである。ということは、〝著者〟が同じということである。

神と人はコンピュータのソフトとハードの関係に似ている

エデンの園からの放逐（高天原で言えばヒルコの島流し）の物語、これは一体何を意味するのだろうか。

それはこうである。

もともと霊は完璧であるが、物質である肉の世界には時空（横軸・変化）があるために、最初はまったく原始的なもの（人間で言えば赤ちゃん）から始まることになる。

人間はオギャーと生まれてきて、幼稚園、小学生、中学生……と肉体的成長を遂げて大人になっていくわけであるが、それと同じように肉的意識も成長していく。赤ちゃんの状態である肉体と意識に、霊は最初からいきなり入ることができないので、霊が入るためには肉体も赤ちゃんの状態から完璧な存在である霊と同レベルまで進化していかなければならない。これがつまり、人間が霊的五感をふさがれて誕生した理由であると私は考えている。

もっとわかりやすく言うならば、神（霊）とはコンピュータのソフトのようなものであり、物質（肉体）はハードのようなものと言える。ハードとソフトのレベルが違いすぎるとコンピュータは作動しない。ハードが未熟だとソフトは動かない。

例えば、最新のソフトを初期のコンピュータに入れることはできない。コンピュータ本体が進化して初めて最高レベルのソフトを入れることができるし、最高レベルのソフトが入ることで、さらに進化がスピードアップしてくるのである。

神と人との関係は、まさしくこのようなコンピュータのソフトとハードの関係によく似ている。

宇宙の一切のものは神の現れである

人間はなぜ霊的五感をふさがれた状態で誕生させられたのか。この問題を考えるにあたって、まず宇宙の成り立ちの〝ビッグバン〟から考えてみよう。

ご存知のように、宇宙はビッグバンによって始まったと考えられている。爆発というと、われわれは何か巨大な物体がバーンと破裂したようにイメージしがちであるが、そうではなくて、ビッグバンのときに爆発したのは霊（宇宙の意識）であったと考えられる。

そして、爆発と同時に霊の世界が広がっていき、やがて爆発の現れとして宇宙のいろいろなものがつくられていったと考えられる。

まず太陽や地球などの星々がつくられ、地球上には人間をはじめ、動物、植物、鉱物などがつくられた。それらはすべて神の意識を持っている。なぜなら、すべてが神の意識の現れであるからだ。中でも、最も発現力が飛びぬけて強いのは人間である。人間が神にいちばん近いと言われる所以《ゆえん》がここにある。――そういう発想である。

宇宙の根源の意識がビッグバンで爆発したということは、言いかえるならば宇宙そのものは意識の現れであり、宇宙に存在するすべてのものが意識の現れ、すなわち〝霊の現れ〟であると言える。

宇宙の一切のものがこのときの爆発の現れとしてつくられたということは、一切のものが神の意識を持っているということである。動植物はもちろん、鉱物でさえも意識を持っている。鉱物が意識を持っていることは、すでに科学的に証明されている。

人間は完璧な存在に向かって永遠に進化している存在

ビッグバンで爆発した霊（宇宙の根元の意識）は完璧な霊であるが、それにともなう肉（物質）のほうはゼロから無限に進化していく存在である。なぜなら、物質の世界の進化というのは横軸のある世界（横に広がる世界）であり、横軸のある世界は時間と空間に拘束され、変化があるのが特徴であるからだ。

宇宙の根源の意識（神、霊、創造主）は、人類をはじめ他の動植物などをこの世に誕生させるまでに何回も失敗をくり返し、やっと完成することができたと思われる。

これはちょうど、人間が何かをつくるときに実験をくり返し、いくつもの失敗の中からようやく完成させていくことと同じであると考えてよい。いわゆる進化のプロセスがあった。もともと人間というのは原始レベルから最高の存在（神）に至るまでの過程であり、肉体をどんどん突きつめていくと意識になる。その意識をさらに突きつめていくと霊になるのである。すなわち霊とは意識という非物質であり、同時に微細な物質でもある存在である。

しかし、その物質的な部分にしても現代の科学レベルではまだ感知できないほどの超微細な物質である。ビッグバンで爆発したのは、まさにこの超微細な物質であった。

ビッグバンの爆発の振動（意識の波、霊的波）は今も一定のレベルで広がっており、永遠に終息することはない。ビッグバンの広がりが永遠に続いているということは、それにともなっている肉体も完璧なものに向かっているということである。すなわち、人間は完璧な存在に向かってたゆまず永遠に進化・神化している存在であると言える。

そういう風に考えてくると、肉体は無限に完璧になっていく存在であるから、もともと完璧である霊が肉体に乗ることさえできれば、人間として完璧になることができるはずである。

霊的五感がふさがれた状態で誕生するのはなぜか

当然ながら、人間に最初から完璧な霊的五感を持たせて進化させたほうが神にとっても楽であった。では、神はなぜそうなさらなかったのだろうか。

それは、はじめから完璧な霊的五感を持たせたのでは人間は進化しなくなるからだ。もっとわかりやすく言うと、最初から霊的五感が開けていると人間は死を恐れなくなるからだ。

死の恐怖がないと人間は努力をしなくなる。死を恐れ、「この世は今世だけだ」という規定が出来ているからこそ人間は努力し、向上しようとするものである。死の恐怖があるから努力するし進化する。また常に前進しようとするのである。

それはちょうど試験勉強と同じである。試験日が決められていれば、その日を目指して頑張るが、いつ試験があるのかわからないとなれば先延ばしにして、なかなか勉強しないものである。

このように、物質世界というのは、どこかで区切ってやらないと進化しないものである。そのために、神は人間の霊的五感を冬眠させてこの世に生まれさせたのである。肉体を成長させるためには、神は光であり霊であるすばらしい〝宝〟を封印してこの世に送り、暗く遠いいばらの道を歩ませなくてはならなかった。

それが神の悲しさでもある。まさに諺に言う〝かわいい子には旅をさせよ〟である。あえて人間の霊的五感をふさぎ、その進化を見守ってきたのである。それが今までの進化の歴史であった。

ただし、深く眠っているとはいえ、それは多少なりとも動いているので、敏感な人間には霊というものがわかるのである。神の分け御魂《みたま》である人間は、そもそも霊的なものを望む方向に進化するようにつくられているのである。

神殿祭の日、参拝者はみな神を信じる者となる

話が横道にそれてしまったので、平成元年元日の神殿祭のところまで話を戻すことにしよう。

さて、その日突然、主催者である私に神が降臨し、お祭りは思わぬ展開になってしまった。あとで彼らが話してくれたことによると、集まっていた人の多くは何が起きたのかわからず、「先生はとうとう気が触れてしまったのだろうか」と、肩をすくめる者もいたらしい。「いや、そうではない。何か重大なことが起きたのだ」と、起こったことの意味を正確に把握できないままでも、何か容易ならぬものを感じている者など、さまざまであったようだ。とにかく皆一様に驚き、混乱していることには変わりなかった。

そんな中に、一人じっと私の様子を見つめていた中年の婦人がいた。田辺俊子（仮名）である。俊子の一家はみなとても信仰心の篤《あつ》い人たちで、夫の昌司は神道系の大手教団の幹部をつとめていた。

私の〝異変〟に驚いた俊子は、すぐさま夫に電話で知らせたらしい。

「あなた、大変なことが起きました。すぐに来てください。高村先生に神様が降りられたのです」

妻からの知らせに驚いた夫の昌司は、取るものも取りあえず那須の神殿に駆けつけた。息を切らして礼拝の間に一歩踏み込んだ瞬間、田辺は思わず立ちすくんだそうである。あたりを払うような強烈な光を感じたからである。その光は、上座に位置している私から発せられていた。田辺によると、白衣に身を包んで座る姿は近寄りがたい威厳を備え、神々しいばかりであったそうだ。

妻に呼ばれて、何がなんだかわからないうちに那須まで駆けつけた田辺であったが、生きた神の臨在を実際に目の前にして仰天していた。これまで神が降臨するという話は山ほど聞いてきたが、それがいま目の前で起き、それを自らの目で確かめることになったからである。

田辺は神道系の教団の幹部を長年つとめてきた人物だけあり、私の姿を一目見ただけで即座に合点がいったのである。

「まさにこれこそ生ける神だ！　神が降臨されたのだ！」

生きた神を目の当たりにした田辺は、その場で信者になった。田辺だけではない。そこに参集していた人たちも皆、圧倒されんばかりの神の気高さに触れて魂が打ち震えるのを禁じ得なかった。そして全員がそのまま神の信者になってしまった。

こうして神の降臨の騒動は一件落着し、その日参集していた人たちもそれぞれの家路に着いた。

六　神と人間との融合

自ら審神《さにわ》する

神殿開きの日に突然神憑り状態になったのであるが、神が降りたのはその日だけではなかった。その後もひっきりなしに同じような状態になったのである。

神が最初に降りたときに、「わしは天之御中主神である」と自ら名乗りをあげたけれども、その神が本物かどうかを審神《さにわ》する必要があった。審神とは降りてきた神がどんな神であるかを判断することを言い、審神ができる人物のことを審神者《さにわしゃ》という。

自分の中に降りてきた神はいったいどんな神なのか。

本当に天之御中主神なのか。

私は自問し、呻吟した。いかなる神であるのか何としても確認したいと思い、手を尽くして審神できる人物を探してみた。だが、いくら探しても適当な人物は見つからなかった。

それも無理のないことであった。

なぜなら、それまでの四十年余の人生の大半を運命学、宗教学、心理学、神秘学などの研究と読書に費やし、それを単に机上の学問に終わらせず、一級の易者として活躍してきた私としては、そのときすでに本から学ぶべきものは何もない状態、つまり〝無学の境地〟にあったので、私に降りた神を審神できる者となると、傲慢な言い方かもしれないが、私と同等かそれを上回るだけの知識を持った人物でなければならなかったからである。現実には、そのような人物が簡単に見つかるはずがなかった。

本来、審神は他人にやってもらうものであるが、そういうわけで私の場合は自分でやるしかなく、自分に降りた神を自ら審神することになった。

御鏡の前に正座し、降りてくる神に対して次々に質問を投げかけると、（神から）即座に回答があった。それはまさにコンピュータの情報（データベース）の中から必要な情報を的確に選び出す作業に似ていた。その自問自答の作業は、そのまま〝神との対話〟でもあった。

ただ、私の場合はレベルの高い者同士の対話であったので、交わす言葉は少なく、質問したことが、それこそ阿吽《あうん》の呼吸で重要なポイント、ポイントにおいて返ってくるといった感じであった。

次から次へと矢継ぎ早に質問を投げかけていると、明らかに私自身も知らないような内容の答えがどんどん返ってきた。

来る日も来る日も我を忘れて審神をくり返した結果、やがて自分に降りた神はまさしく天之御中主神そのものであることがはっきりと確信できるようになった。自分の意識をはるかに超えた高次の意識が入ってきたことはもはや疑う余地がなかった。そうであれば、それを素直に認め、神に自分を預けるしかなかった。

「もはや疑う余地はない。あなたに私を預けましょう」

私は対話の相手にそう語りかけ、自らをその前に投げ出す決心をした。

私が自分で審神しながらつくづく思ったことは、「すぐれた存在はすぐれた者にしかわからない。だからこそ、自分もそのレベルに達するまで神によっていろいろ勉強させられてきたのだ」ということであった。

そして、それまで習得してきた膨大な知識や体験の数々は、すべてこの日のために必要であったからこそ学ばせられたのだということに初めて気づいたのだった。

人間のレベルに合った神が降りてくる

神道で言うところの神は、根元の天之御中主神のほかにも神格（神のレベル）の違いによってさまざまな神が存在する。だが、人間に降りてくるときは、宿り木となる人間のレベルに合った神が降りてくるということに気づいた私は、「なるほど利にかなっている」と深く納得させられた。つまり、高いレベルの人間には高いレベルの神が、低いレベルの人間には低い神が降りてくるということである。

私の場合、今にして思えば実際に神が降りたときにその神が本物かどうかを自ら的確に審神できるようにと、物心ついた頃から神によって学ばせられてきたのであった。長い間勉強を重ねてきて知識が十分にあったおかげで、〝本番〟においてもはっきりと審神（判断）することができたのである。

これまでの勉強や体験はすべて神の降臨というこの一点のために準備させられたことであり、言いかえるならば神が降臨するためにそれだけ長い準備期間が必要であったということである。そのことに気づいたとき、私は神の計画の周到さに驚嘆し、同時に我が身の引き締まる思いがした。

神の計画のすばらしさに圧倒されながら私が思ったことは、「神は準備のない者、知識のない者に降りることは決してない。まして最高神が降りるともなれば、それを審神できるだけの者でなければならない。そのためには精神世界のあらゆることを学び尽くした者でなければとうてい不可能である」ということであった。

世の中には〝自分に神が降りた〟と公言してはばからない人は多いが、この点に関して私は思う。たしかにその人たちにも神が降りたかもしれない。だが、はっきりと言えることは、その人のレベルに応じたそれなりの神しか降りて来ないということだ

神が降りたということで教祖になった者の中に女性が多いのは、誤解を恐れずに言えば、女性は男性に比べて思い込みがはげしいということと無縁ではない。生活苦や病気、その他の苦しい状況からなんとか抜け出したくて、必死に神に救いを求める。すると、その人のレベルに合った神が降りてくることがある。しかしその神は、降りた人物のレベル以上の神ではない。あくまでもその人のレベルに合わせた神にすぎない。

神の初体験

振り返ってみると、これまでさまざまな人にさまざまな神が降りたとされ、それらの人物を中心にして教団もたくさんできているが、最高神（天之御中主神）が人間にダイレクトに降りてきたのは、私が知る限り私が初めてである。

そのために、神自身も人間の体になじむまでにそれなりの時間を要した。

神が私の体になじむまでのことは、今思い出しても怖ろしい気がする。何しろ相手（神）は好奇心に満ちており、そのうえ恐怖心というものを持ち合わせていない方だから……。

例えば、こういうことがあった。

当時、私はパジェロの四輪駆動車に乗っていたが、神がこれを運転したいと言い出した。もちろん、運転の技術は私自身の意識を使って行うので支障はないが、なにしろ地球は自分を中心に回っているため、神には恐怖心というものがまったくない。恐怖心がないのは、それ自体すばらしいことであるが、車を運転するときは例外である。というより、もってのほかである。おかげで、あちこちでとんでもない事態を巻き起こしたことは言うまでもない。

まず、信号が赤のときでも止まろうとしない。これは、神に恐怖心がないというより、まだ人間世界のルールを細かいところまで理解していなかったからである。もちろん、信号が赤のときは停止するという知識は十分に持っているわけだが、「ああ、止まるのは面倒だ」とばかり、突っ走ってしまうのである。

人間界のルールになじむまでは、神としても驚きと戸惑いの連続であった。それが面白くないのか、「俺は神だ。なぜ止まらなくちゃならないんだ」といった調子で、何事においても無茶を強いてしまう。

ある日、那須街道をドライブしていて、坂の上の料金所に差しかかったときのことである。普通のドライバーならば、料金所の近くになったら注意をするものである。ところが、私に入った神は、なんと料金所の近くで急に下を向いてしまったのである。そして、少し手前からそのままズドーンとコンクリートの部分に突っ込んでしまった。

ノンブレーキでスピードは三十キロ。まさに自殺行為であった。

自分から突っ込んでいったので、これは事故というよりは〝自爆〟である。さすがに私（神）も、起こった事態に戸惑いを隠しきれず、「あ～あ、こんなになっちゃった」と頭をかきながら車から降りていった。

「大丈夫ですか？」

料金所の係員がすっ飛んできて、心配顔で私に声をかけた。

頭を激しくぶつけたが、不思議と痛みは感じなかった。顔にもケガをしているらしく、血がシャツに流れ落ちている。

誰かが呼んだのであろう、間もなく救急車がけたたましいサイレンの音をたてながらやって来た。誰に促されるでもなく、私（神）は一人でトコトコと救急車に乗り込み、中のベッドに横になった。

そのときのことを、私は今でもはっきり覚えている。それは自分の半分が神で、半分が人間といった奇妙な意識状態であった。

しばらく寝ていると、上方から目には見えないが何者かが私の全身をサーチしているのを感じた。大きな傷がないかどうか調べているらしい。

「何ともないや。大丈夫、大丈夫」

誰かがそう言っているのを、そのとき私ははっきり聞いた。

救急車が病院に到着し、病室に運ばれてベッドに寝かされた。間もなく知らせを受けた妻が顔色を変えてやって来た。

病室に入るなり、頭から顔にかけて包帯を巻いた姿で横になっている私の姿を見て、妻は血の気の引くのを覚えたらしい。だが、少し青ざめてはいるものの意識もしっかりしていて、普通に話をすることができることがわかり、安堵して胸をなで下ろしたのだった。

間もなく担当医が来て言った。

「さあ、診断しましょう。ここに座ってください」

診察の椅子に誘導しようと、医者が私の背中に手をかけようとしたときであった。

「無礼者、神に触る気か。みだりに触るでない」

ものすごい剣幕《けんまく》で医者をどなりつけたのである。その語調の激しさに、医者は一瞬あっけに取られてポカンとしていた。そばにいた妻は、ハラハラするやら恐縮するやらで、身の置き場がなかったらしい。

私の剣幕に医者もなす術もなく、診断をあきらめてしまった。

私はといえば、「もう帰るぞ」と言い残して、そのままスタスタと帰ってしまったのである。

幸い、その後、後遺症も出ることなく、この件は一件落着となった。

だが、これだけでは終わらなかった。まだ続きがあったのである。

そのときの事故でパジェロがおかしくなったために修理に出したところ、「その間に使ってください」と修理会社の人が小型車を貸してくれたので、夜更けにその車に乗って、まだ根雪の残る那須街道を帰ったときのことである。そのときも恐怖心というものをまったく知らない者（神）が運転していた。

なんと、坂の上からノンストップで下りていったのである。カーブに差しかかってもハンドルを切れるわけがない。「ズドーン」とそのままガードレールにぶつかり、その反動で車はガードレールの向こう側に投げ出されて止まった。

ものすごい衝撃で一瞬目の前が暗くなったが、すぐに我に返り、おそるおそる目を開けてガードレールの下をのぞき込むと、そこは深い谷であった。一歩間違えれば、車ごと谷底に落ちて一巻の終わりである。

幸い、乗っていた車が小さかったために落ちずにすんだが、これが大型車であったら間違いなく命を失っていただろう。うしろのトランクが少し破損した程度で運転には支障がなかったので、そのまま運転して帰ってきた。

こういうことがたて続けに起きたので、さすがに神（私の中の別の意識）も、「これはマズイ。死んでしまったら元も子もない」と思ったらしく、それ以後はそのような無茶はしなくなった。

メンタルダウン（意識低下）が始まる

その頃から、私の意識は完全に神の意識と混同しはじめていた。それが自分でもわかった。この世のルールに不慣れな神に翻弄されていたのは私本人だけでなく、周囲の人たちも同じであった。

その後もしばらく那須の別荘で静養していたが、私の混乱は収まる気配がなかった。それどころか、日増しに言動がおかしくなり、それがエスカレートしていった。私にメンタルダウン（意識低下）が起きていたのである。

どういうことかというと、あまりにも偉大な意識が入ってきて同居を始めたために、人間である私の意識がいよいよもちこたえきれなくなってメンタルダウンが起きてきたのである。外見的には精神に変調を来たしているように映ったはずだが、実際はメルトダウンによる変化が内部で起きていたのである。

神が人間に降り、その人間の意識と融合していくためには、人間の意識をいったんは壊してしまう必要がある。そうしないと調整がつかないからである。このときに、たいていの人は意識が壊れたまま元に戻らなくなってしまう。

ふだんの穏やかな私をよく知っている人たちは、この〝異変〟に驚き、このままではいけないと思ったのであろう。すぐさま誰かが妻に知らせた。妻はその時、子どもたちの新学期が始まるということで埼玉の自宅に戻っていた。

妻が駆けつけたときには、私の様子はかなりおかしくなっていた。どこを見ているのかわからないような、焦点の定まらない目つきをしていたらしい。その目を見て、妻は私の容態が容易ならぬものであることを初めて悟ったそうだ。

私自身はもともと穏やかな性格で、結婚以来、妻に対して乱暴な言葉を浴びせたこともなければ手を上げたこともなかった。その私が妻の顔を見るなり、乱暴な言葉を投げかけてきたので、さぞ驚いたことだろう。

私にしても、少し前までは乱暴な言葉を発していても、「俺はなぜこんな言葉使いをしているのだろう」と不思議に思うもう一人の自分がいるのを認識していた。だが、妻が来た頃にはすでに自分自身がわからなくなっていた。完全に神の意識と一体となり混乱していたのである。目は座り、表情も別人のように厳しくなっていた。

そんな状態を端から見ると、あたかも狂っているように見えただろう。

しばらくぶりに見る私の変貌ぶりに妻は驚き、そしてうろたえた。

「この人はおかしい。狂ってしまったんだわ」

そう思い込んだ妻は、すぐさま近親者に知らせ、みんなで集まって対策を考えることになった。たまたまその中に精神病院の医者と知り合いの者がおり、「とりあえず、あそこに預けよう」ということになったらしい。

そうと決まったら即実行に移そうということで、隙をみて私に睡眠薬を飲ませ、眠り込んでいるところを数人で車に乗せて病院へ運び込んだのである。

一大騒動であったが、当の私にはそのときの記憶がまったくない。

忘我の渦にのまれて

睡眠薬が切れて目をさますと、私は見慣れない部屋に寝かされていた。それに体の自由がきかない。見ると、手足がベッドの四隅にしばりつけられている。

あとで妻に聞いたことであるが、入院の当日、私は「俺は神だ」と病院内で騒いだらしい。もちろん、当の本人にはその記憶はまったくない。

神がかりになったとき、「俺は神様だ」と叫ぶ人間は珍しくない。だが、そこまでいくと普通は正常に戻らず、一生を病院で送るケースがほとんどだと言われている。これは、自分の許容量をはるかに超えたものが降りてきたために、精神がそれに耐えきれずに壊れてしまうためである。万一、耐えられるだけの強靭な精神をもった者であっても、それになじむまでにはかなりの時間を要することは言うまでもない。

毎日必ず飲まなければならない強い安定剤の副作用で、意識は一日中もうろうとしていた。頭はガンガンするし、何をするにも気力が湧かず、ただじっと時の過ぎるのを待ち続けるしかなかった。

神と自分の二つの意識は、やがてのちにはっきり分離できるようになるのであるが、その頃はどっちの意識が神のもので、どっちの意識が自分のものであるのか、二つが融合している過程にあった。その間は私自身の判断力は失われてしまっていたので、表面的には精神錯乱者そのものであった。

「いったんこのような状態になったら、絶対治りません。ご主人は一生病院で暮らすことになると思ってください」

医者は妻にはっきりとこう宣言したそうだ。

妻には信じたくない言葉であったが、鉄格子の中に入れられ、あらぬほうをぼんやり見つめている私の姿を見ると、妻としても、本当にそうなのだろうかと思わざるを得なかったようだ。

私は、来る日も来る日も強い薬を多量に飲まされ、四六時中ボーッとした状態にさせられていた。暴れることはもちろん、思考することさえできないほど頭は重かった。

鉄格子の中で一日中ボーッとしている私の様子を見ながら、妻は前途に対する不安と絶望感で目の前が真っ暗になったようだ。

「まだ子どもたちは学齢期だというのに、この先どうやって生きていけばいいのか……」

妻は病院に見舞いに来るたびに泣いていた。薬づけにされている頭では、妻の涙の意味を理解することさえできなかった。

しかし、一般に神が降りた場合、私に起きたような現象は誰にでも起こりうることである。天理教の開祖・中山みきや大本教の開祖・出口ナオなどの例を見ても明らかなように、しばらくのあいだは異常な精神状態に陥る。逆に言えば、そういう状態にならなければその神は本物とは言えない。

神が降りると一時的に人の意識が混乱する訳

では、神が降りると、人の意識はなぜ混乱するのだろうか。

理由は簡単である。いきなり自分の許容量をはるかにしのぐ存在が入ってくることで、体も精神構造も正常でいられなくなるからである。降りた神がレベルの低い神ならまだしも、私の場合は最高神の天之御中主神であったので、その衝撃は計り知れないものがあった。

私の場合、それまでの人生のほとんどを〝そのとき〟のための準備に費やしてきたようなものであったので、巨大な神が降りても何とか耐えられるだけの容量はあった。だが、何といっても降りてきた神が天之御中主神という最高神だけに、それになじむまでにはそれなりの時間が必要だったのである。

神と人がお互いに共存できるようになるまで、つまり折り合いがつくまでの調整期間を、私ははからずも精神病院というあまりありがたくない場所で過ごすことを余儀なくされたわけであるが、それもやむを得ないことであった。

古来より〝私に神が降りました〟と言う人は多いが、ではその人たちは本当に狂ったのだろうか。もし本当に神が降りたのなら、精神錯乱状態にならないほうがおかしい。私の体験からいって、もし本当に神が降りたのなら狂わないということはあり得ない。異質なものが入ってくるのだから、おかしくならないわけがないからだ。

神という途方もない意識レベル、車にたとえて言うならば、軽の360の意識の上にV12の5000くらいのものがドーンと入ってきたようなものだから、壊れるのが当たり前である。逆に言えば、神が降りたという人が本当に狂ったか否かによって、その神が本物かどうかを見分けることができる。

また、瞑想していたらフワッといい気持ちになり、突然神が降りてきたなどということもあり得ないと思う。なぜなら、神が降りるということは、そんな生易しいものではないからだ。

それこそ死ぬ思いである。はっきり言ってそれは迷惑なことであり、当人にとっても家族にとっても決して幸せなことではない。

事実、神が降りてからというもの、わが家の生活は一変してしまった。何といってもいちばん迷惑したのは妻であった。易者の仕事をすでにやめていた私には収入がない。そこにもってきて、今度はいつ回復するともわからない精神の変調である。

医者は「一生治らないでしょう。安定剤は一生飲んでもらうことになります」などと、不安をあおるようなことしか言わなかったので、妻には取りつく島がなかった。

「医者の言葉を信じる限り夫の回復は望めそうにない」

思い余った妻は、完成したばかりの別荘兼神殿をやむをえず売却することに決めた。本来ならば家族そろって楽しく過ごすはずの別荘であり、そのために建てたものである。そもそも、那須に別荘をつくりたいと提案したのは妻本人だった。それがこんな結末になろうとは……。

バブル崩壊の直前であったので、幸い別荘は高値で売れ、とりあえず当面の生活の心配はなくなった。

別荘の売却にあたり、妻は自宅の床の間を改造して神殿造りにし、ここに那須から持ち帰った御神体をはじめ鏡や神具一式をおさめた。この改造工事もすべて神殿工事を受け持ってくれた山田がやってくれたので、金に糸目をつけない立派な室内神殿が完成した。

すべては神によって計算し尽くされたことだった

あとで振り返ってみると、これもすべて神によって計画されていたように思える。神は私を宿り木にするために育てたあと、とりあえずご自分が降りるための場をつくる必要があった。それがこの別荘（神殿）だったのだ。

妻が那須に別荘を建てようと提案したのも、私がそれに同意して夫婦で那須に土地を探しに行ったのも、そこで建築業者の山田に出会ったのも、山田がいきなり神殿をつくろうと提案したのも、なぜか大きな鏡をつくったのも、奇しくも平成元年の元旦に神殿開きを行ったのも、何もかもすべて神によって計算し尽くされたことだった。

さらに言えば、一足先に那須に入った東京の女性教祖にお告げがあったことも神の計画の一部であったと考えられる。元をたどれば、この教祖のおかげで那須の神殿は完成したようなものなのだ。

女性教祖が那須に神殿を建てたことも、今にして思えば私の神殿に神が降臨するための前準備にほかならなかった。女性教祖には気の毒であったが、神は人知を超えた壮大なしくみの中で今回のことを成しとげられたのである。

後日談になるが、この女性教祖はその後、那須の街道沿いの一等地に壮大な神殿を建てたが、神殿完成後間もなく亡くなったという。

奇跡のよみがえりを果たす

妻としては、忘我の状態にある私の姿を信者さんらに見せるわけにはいかなかった。そこで彼らには、「夫は修行の旅に出ています」と偽って、入院したことをひた隠しにしていた。「ご主人は絶対治りません。一生を病院で過ごすことになると思いますので覚悟してください」医者は、面会のたびに希望を失わせるような言葉をくり返していた。

いつ回復するともわからない不安の中で、時として医者の絶望的な言葉が浮かんできて気が滅入ることもあったようだ。

回復を信じて待っていた妻であるが、一年経ち、二年目を迎えようとする頃から、「もしかしたら、本当に治らないのではないかしら」という不安がよぎるようになっていた。

薬のせいでぼんやりとうつろな目をした私を見ていると、回復は見込めないという医者の言葉もまんざら嘘ではないように思えてきたのである。

「そろそろ決断しなければならないかも……。子どもたちの将来のことを考えると、この辺で結論を出さなければ……」

考え抜いた結果、妻は離婚の決意をする。

「申しわけないけど、ここにハンコを押してちょうだい」

ある日、妻は意を決したように病床の私に離婚届を差し出した。

うつろな目で妻の顔と用紙を交互に見つめる私。その姿に妻も胸がしめつけられたが、すでに決心したことである。「ごめんなさい」と心で謝りながら署名をうながしたそうだ。

ところが、意識がもうろうとしているにもかかわらず、私は「押すな、押してはならない」とささやきかける声を聞いていた。いま離婚するのは今後の生活にとって良くないということを神が教えていたのである。

結局、印鑑を押すことを拒み、妻もあえて強要することはせず、離婚の話は保留になってしまった。

こうした入院生活がその後も続いた。一年経っても回復の兆しは見られなかった。医者の言うように、本当に回復しないのかもしれないと、妻も半ばあきらめかけていた。

ところが、二年目に入った頃から少しずつ変化が現れはじめた。徐々に回復の兆しが見えてきた。つまり、それまで絡み合っていた二つの意識が、ようやく自分の中でうまく分離できるようになっていったのである。

私の中でスイッチング機能がつくられたのだ。言いかえるならば、そのスイッチング機能が出来るまでに一年以上の歳月を要したということである。

神の意識と自分の意識がはっきりと分離できるようになると、二つの意識の入れ替わりも自在にできるようになった。もう誰の目にも普段とまったく変わらない正常な状態に戻った。ひと言で言うなら、〝病気が治った〟のである。

「まさか、こんなことが起きようとは……」

医師は驚き、首をひねった。それはまさに「奇跡」であった。

前にも述べたように、私のような状態になった者は、ほとんどの場合、病院の中で一生を終えるのが普通であるという。それが、二年も経たないうちに回復したのである。

「不思議ですが、どうやら治ったようですね。こんなことはめったにないことです」

医者はそう言いながら退院を許可してくれた。

「でも、薬だけは一生飲み続けてください。薬をやめたら必ず再発しますよ」

と念を押すことも忘れなかった。

退院の許可書を書きながら、それでも医者はまだ私が完全に回復したとは思っていなかったようだ。回復したように見えるのは、薬によって発作が抑えられているからだと思っていたようである。

だが、本質は薬の効用とはまったく関係ないところにあった。それは、医師の理解を超えたものであったが、ひと言でいえば、私の中で神との調整ができるようになったために自ずと元の状態に戻っただけである。

退院後も医者には薬を続けるようにと強く言われたが、飲むと気分が悪くなり、以前にも増して頭痛もひどくなった。頭はボーッとして何も考えられず、日常生活にも支障をきたす始末であった。

「そうか、薬はもう飲むな。必要ないということだな」

そう判断した私は、医者には内緒で少しずつ薬を減らしていき、ついにやめてしまった。

事実、薬を減らし始めてからは体調が日増しに良くなり、やめてしまった頃にはすっかり回復していた。

神様業をやめます

私は完全に回復した。正確に言うならば、神との調整がうまくできるようになった。振り返ってみると、あの日、那須の神殿で神が降りた日から数えて約二年という月日の間、私は忘我の域をさまよっていたことになる。言い方を変えるならば、神が私の体になじむまでに二年近くもの歳月を要したということになる。

妻は、それまで信者や近親者たちには私が入院していることをひた隠しに隠し、消息を聞かれると、「修行に出ています」と説明していたようだ。

私を知る人たちの中には、「あいつは死んだ」と本気で思い込んでいた者もいたらしい。

「すっかり治った。さて、これからどうしよう」

回復した以上、いつまでもブラブラしているわけにもいかなかったので、そろそろ職探しをしなければと妻と話し合った。

「あなた、お願いですから、とにかく神様業だけはやめてください。もうこりごりです」

私の回復を誰よりも喜んだのは妻であった。それだけに、こんなことになった原因をつくった〝神様業〟なるものを私には二度とやってほしくなかったのである。

「そうだよな。こんなことになったのも元はといえば、これをやったからだ。ひどい目に遭ったものだ。これをやると頭がおかしくなっちゃうし、いいことなしだ」

冗談まじりに返事をしていたが、いちばん懲りていたのは私自身であった。二年間の苦しみを思い出すだけでもゾッとした。

「神が降りると、またそうなってしまう。もう絶対いやだ」

これがそのときの正直な気持ちだった。

「神様業さえやらなければ神は降りてこないだろう。昔から〝触らぬ神にたたりなし〟というが、ホント、よくわかったよ。これからは静かに平和に生きていこう」

「そうよ。そんなのやめて、ふつうの仕事をしてちょうだい」

「そうだな、そうしようか」

そんなやり取りをしながら新たな生活へと踏み出そうと決心したとき、ふと思い出したのは、挨拶もしないまま長い〝修行の旅〟に出てしまった自分の帰りをじっと待ち続けていた田辺昌司のことであった。

田辺といえば、那須の神殿での衝撃的な出会いの後、それまで所属していた某大教団を脱会して私のもとに来た〃つわもの〃である。その田辺にも入院のことは内緒にしていたが、彼は私の帰りを信じて待ち続けていた。

「田辺には申し訳ないことをしたな。だが悪いが、もう神様業をやるつもりはない。いつまでも待ち続けられても困るから、きちんと断ってこよう」

ということで、夫婦で田辺の自宅を訪ねた。

「長いあいだ、いろいろとご迷惑をおかけして申し訳ありませんでした。家族にも迷惑をかけたので、私としてはとりあえず神様業はやめて、ふつうの生活に戻ろうと思います。どうぞあなたも元の教団に戻って活躍してください」

と、頭を下げて頼み込んだのだった。

田辺は前の教団で幹部として長年活躍してきた人物だけあって、神道のことをよく学んでおり、知識も豊富であった。田辺は私に言った。

「どうかやめないでください。私の学んできた神道では、一度神様が降りたら二度と離れないと言われています。先生に降りられた神様は今後ぜったい先生から離れることはありません。しかも最高の神様が降りられているのですから、先生は特別なお役目がある方です。やめてはなりません」

「とにかく、私がやめたいと思っているんですから、やめます」

「いいえ、それはいけません。何としてもやってください。今すぐでなくても結構ですから、必ずやってください。私はいつまでもお待ちしています」

押し問答のすえ、結局、説得は失敗し、逆に田辺に説得されてしまった。

「それほどまで言われるのなら仕方がない。うちの神殿で月に一回だけお祭り（月次祭《つきなみさい》）をやることにしましょう」

その返事を聞いて、田辺の顔がパッと輝いた。

「ありがとうございます。私からさっそくみんなに声をかけましょう」

そう言って方々に声をかけ、参拝者を召集してくれたのである。

「古神道・真智会」の発足

初めての祭りが執り行われる日、集まってくれた人たちの多くは、あの日、那須で神殿開きをしたときに来てくれた人たちであった。みんなが私の帰りを待っていてくれたのである。そのことを知って、私は感謝と感動で胸が熱くなった。

自宅の八畳の間にしつらえたにわか造りの神殿であったが、狭いながらも信者が一堂に会し、二年ぶりに奇跡のカムバックを果たした私を迎えてくれた。みんなの顔に一様に喜びの色が射していた。それは私にしても同じであった。再びなつかしい面々の前に立つことができた喜びをしみじみとかみしめていた。

「先生、本当にお久しぶりです。またお目にかかれてうれしいです」

「もうどこへも行かないでくださいね」

法衣に身を包んだ私を、あたかもまばゆいばかりのオーラに包まれた存在を見るように、みんなが畏敬をもって見つめた。私は信者の一人ひとりに穏やかなまなざしを向け、それに応えた。

信者の中には、私の姿を見ただけで感激のあまり涙ぐむ者もいた。

高らかに祝詞《のりと》をあげたあと、信者一同に向かって話しかけようとしたときである。急に私の体が大きく揺れ始めた。神とのスイッチングが始まったのである。

私自身もはっきりとそれを感じていた。だが、もうあのときのような混乱はない。

それは、自分が〝生き神様〟になったことを確信した瞬間でもあった。

「皆の者、長いあいだごくろうであった」

その声は威厳に満ちていたが、私の表情は限りなく柔和なものであった。

「お久しぶりです」

感極まって田辺が声をかけた。

「本当に久しぶりであった。これからは神自らが語り、おまえたちを教育していく」

神の高らかな宣言であった。

同時にそれは、「古神道・真智会」の誕生の瞬間でもあった。

真智会に託された神の願い

「真智会」という名称は、「真理を悟ることによって、自らの内から智恵が湧き出てくる人を輩出する会」という意味で、神が名づけたものである。

その名称に託した神の願いはこうである。

すなわち、神の真理とは神そのものであり、神の遣いとは真理の当体である。そして、神の遣いが語る言葉は真理そのものである。人間は真理そのものになることにより、正しい人生を送るための知恵を自らの内に得ることができる。真理そのものになるとは、〝真理の当体〟、つまり〝神人〟になることである。また、正しい人生を送るということは永遠に価値ある人生を送るということである。それを神はすべての人間に願っておられるのだ。

この世における一時的な幸福を追い求め、永遠の幸福を取り逃がしてしまう人生は愚かな人生であり、真理を悟らぬ人の人生といえよう。

大事なのは、真理を学ぶことと真理の当体となることは違うということである。

どういう意味かというと、真理をいくら学んでも真理そのものにはなれないということである。なぜなら、人間には肉体と霊体のあいだに厚い壁があるために、霊的な真理を直接見ることはできないからだ。キリストが、〝人間は神を直接見ることができない〟と言ったのはこのことを意味している。

神とはこの世と霊界にわたる真理そのものであるから、〝神を見る〟ということは〝真理を知る〟ことでもある。

神より遣わされた者のみが肉体の限界を超えて真理そのものになれるし、霊魂界と神を直接見ることができる。

今までは宗教によって真理をある程度は学ぶことができたが、学ぶだけでは真理そのものにはなれない。なぜなら、宗教というのは真理を教えることであって、真理そのものになることではないからである。真理そのものになったときに、初めて自分の内から知恵が出てくるのである。

神が「真智会」と命名した意味もそこにある。

真智会と従来の宗教の根本的な違い

これまでの宗教は、真理を学ぶことによって知恵を得ようとしてきたが、真智会では真理についての基礎知識は学ぶけれども、その大きな特徴は、生きた神である私の神霊に触れることによって、一人ひとりの魂が開花して真理そのものになることを目指していることである。それぞれが真理そのものになれば、自ずと知恵が湧いてくるようになる。そうなれば、もはや真理を学ぶ必要はなくなる。

そこが真智会が従来の宗教と根本的に異なる点である。

真理そのものになることができない人間は、所詮迷いの人生を送り、最後は悔いを残して死ぬことになる。

「真理は汝を自由にせん」

これはキリストが残した有名な言葉であるが、人間の真の価値は表面的な財産や地位、名誉などによって決まるものではない。いかに真理を知り、真理を体得していくかの悟りの度合いによって決定される。

この言葉は、そういうことを表しているのである。

真理を学ぶことこそ現代人にとって最も大切なことであり、真理を体得する人こそ最高の知恵を持ち、今世と霊界において永遠の幸福を達成できる人となる。その人は、この世でのすべての支配者よりもより高い地位に昇ることができるだろう。

キリストのこの世における目的は、奇跡を行うことにあったのではなく、人々に真理を語り、悟らせることにあった。つまり、人々の盲目を真理の光によって開くのが目的であった。そのことは、聖書を熟読すれば明らかである。しかし、二千年前の人々はまだ神の真理を理解できるレベルではなかった。

真理を学び行じる者は、己のすべてをかけて真理を求め、神と一体とならなければならない。人は神と一体となってのみ一切の濁りも因縁も消え、完成する（真理そのものになる）ことができるのだ。

最大の奇跡は「神が降りること」

私は「奇跡」という言葉が嫌いである。いや、言葉だけでなく奇跡そのものを否定している。なぜかというと、「奇跡」と言った時点でインチキが入ってくるからだ。

とはいえ、神に祈願することによって、その人の中に神が入り、その人の中で自由自在に動くことがある。そのさまは、現象的には奇跡が起きたように見えるのである。

そのことがよくわかる例が真智会でもたくさんある。体が弱くフニャフニャの状態で来た子どもが、真智会で参拝したあとはシャキッとなって帰っていくといったことも、その一例である。

それは、参拝によって神の強く高い霊がその子に入っていったからだ。ところが、しばらくするとまたその子はフニャフニャになって朝起きられない状態になってしまう。神から意識が離れると神も離れてしまうからである。

あわてて参拝に来ると、みるみる体がしゃんとして元気になる。その落差には目を見張るものがある。

その子の場合、その後も参拝をくり返しているうちに徐々に丈夫になっていった。

生き神であり教祖である私に絶えず触れることによって自分の中が変わり、次第に健康になり、悩み事も解消し、気がついたら幸運が舞い込んでいたという現象は、真智会の信者さんにとっては珍しいことではなくなっている。

だが、くり返すようだが、それはあくまでも奇跡が起きたのではなく、各自が本来持っている霊的なものが私と絶えず接触することによって活性化され（言いかえるならば神がその人の中に入って）、その結果、そういう現象が起きたにすぎない。また、そうなってこそ〝根本的な信仰による救い〟になっていくのである。

私にすがるのでなく、私によって自分の本質の部分（霊的世界）が開花し、それによって自ら問題を解決していくことができるというわけである。

それは一見他力に見えて、実際は自力である。そこが私と他の宗教とで根本的に異なる点である。

信者さんたちは自分に起きた「奇跡」の話を私にいろいろと報告してくるが、そういうことも私に言わせれば奇跡であって奇跡ではない。

真の奇跡とは何か。それは〝神が降りること〟。それこそが最高で究極の奇跡である。これに尽きる。あとは現象論の問題である。

最後の「神の修行」

話を元に戻そう。

真智会を立ち上げ、人々を霊的に導いていくことを決意した私ではあったが、一方では一家の長として家族の生活を支えるために働かねばならないという現実があった。

教祖といえば信者に生活の一切を依存する者が大半であるが、私はそれが嫌いである。教祖自らが〝自立〟していてこそ信者を救うことができるというのが私の考えであり、今もそれを貫いている。

さて、職を探すといっても、それまで易者として活動してきた私にとって、一般社会で仕事を見つけることはきわめて困難であった。四十四歳で、しかも職歴なしという現実がいかに厳しいものであるかということを、いやがうえにも思い知らされたのだった。

簡単に高収入を得るためには本業の易者の仕事を始めれば良かったが、その仕事はすでに神にやめさせられていたので今さらやるわけにはいかなかった。それに、易者の仕事を始めたのでは真智会のつとめを行うこともできなくなる。

とはいえ、ほかの仕事の経験はまったくなく、しかも二年間という空白をかかえた四十男に門戸を開いてくれるところなどどこにもなかった。

来る日も来る日も新聞の求人欄のすみからすみまで目を通し、目ぼしいところを見つけては面接に出かけたが、「職歴なし。四十四歳」の壁は厚く、いずれも丁重に断られてしまった。

そんな中、ある葬儀社の求人広告が目にとまった。現在とは違って、その頃は葬儀社の仕事は敬遠されがちであった。そのため、雇う側からすれば慢性的な求人難であった。

「とりあえず行ってみるか」

履歴書を持参して出向くと、果たして面接だけであっさり採用となった。

仕事柄、葬儀社は慢性的な求人難ということもあり、当時は一般に比べて給料が良く、職歴や年齢の制約もほとんどなかった。そういうことから、この仕事はとりあえず生活費を稼がなくてはならない私にとってありがたいものであった。というよりも、当時の私には他に選択の余地がなかったのである。

ともあれ、これでなんとか生活のメドもたち、妻ともども胸をなで下ろした。あとは先に進むしかない。

最初は、主として祭壇を組み立てるセッティングの仕事であった。祭壇の枠をかついだり、祭事の道具を運ぶトラックの運転をしたりと肉体労働の部分が多く、想像以上の重労働であった。

それに、今まで「先生、先生」と呼ばれてもてはやされていたのが、いきなり「高村クン」と、クン付けで呼ばれる。なんとも複雑な気持ちであった。〝神様〟から突然葬儀屋のおじさんになってしまった自分を受け入れるのは、我ながらキツかった。

その後一年くらいして営業の仕事にまわったのだが、就職したばかりの頃は、初めて経験する肉体労働で毎日クタクタになって帰宅していた。

インドのヨガの行者が行う行の中に〝死者といっしょに寝る〟という行があるが、葬儀社での仕事の経験は、私の修行の最終段階において〝死〟というものを十分に味わわされるものであった。

死にいく人を目の前にして、私は「御霊《みたま》送り」をずいぶん行ってきた。御霊送りとは、亡くなったばかりの人の魂をしかるべきところに送ってあげることを言う。

人が亡くなったとき、その人の魂は肉体が滅んだために離れなければならなくなるが、その際、離れたくないと抵抗する魂もある。そんな〝荒ぶる魂〟をより高いところに送り届けてあげるのが御霊送りである。

亡くなったばかりの遺体というのは、まだ魂が行き場を求めてさまよっている状態である。死にいく人の霊を見ていると、その人の魂がどこへ行こうとしているのか私には自然にわかった。

「おやおや、この人はずいぶんひどい所に行こうとしているな」

そんなときは少しだけ手を貸して荒御霊を鎮め、慰めてやり、できるだけ良いところへ行けるように手を差し伸べてやった。何体もの御霊を送っているうちに、御霊送りの仕方もだんだん上手になっていった。

その後、営業の仕事にまわってからは、そこそこの実績を上げ、社長の信頼も厚くなっていった。だが、長く続ける仕事ではないと判断し、結局三年くらいでやめてしまった。そのとき四十六歳になっていた。

葬儀社での三年間は、亡くなったばかりの死体を見ない日はほとんどなかった。毎日のように亡くなったばかりの遺体に接することで、人の魂はどうやって霊界に上がっていくのかなど、一般の人が知りえないことを多く学ぶことができた。

あとで振り返ると、葬儀社での仕事が私にとって最後の修行だったように思う。なぜなら、人間の死んでいく姿をたくさん見せられたということは、真智会の教祖かつ生き神様として、人類の救済に関わる役目を果たしていくうえで非常に重要な意味を持つからである。そういう意味でも、このときの経験は修行の〝最後の仕上げ〟の意味を持つものであり、かけがえのない貴重な経験であった。

経験をたくさん積んできたおかげで、御霊送りのやり方も上手くなり、今では万一、真智会の信者が亡くなった場合は、できるだけ霊界の高いところへ送ってあげるようにしている。

神の降臨により社会的能力と運が上昇する

葬儀社をやめたあと、さて次の仕事をどうしようかと思案していたときに、ある人の紹介で貿易の仕事を始めることになった。この仕事もまったく未経験だったので、文字通りゼロからのスタートであった。

商品についての知識もまったくなく、経営についてもズブの素人であったために、すべて手探りで進めるしかなかった。

だが、これも自分に与えられた一つの経験と受け止め、体当たりでやっているうちに、気がつくと五年目を過ぎた頃には大きく成長していた。その後も順調な伸びを見せ、気がつくと、この業界でトップになるまでにのぼりつめていた。

私は不思議な感覚を味わっていた。というのは、素人であるにもかかわらず、仕事のアイデアがドンドン湧いてくるのである。そのアイデアに基づいて次々と新しいやり方を打ち出していくと、業績は面白いように伸びていった。打つ手、打つ手がことごとく決まり、外れることがほとんどなかったのだ。まさに〝神業〟であった。

なぜそのようにうまくいくのか、私にはわかっていた。それは、私の中に存在する神が私の意識開発と能力開発をしていたからである。神が中からやってくれているのだから、うまくいかないわけがなかった。

私はこの成長を、一言で言えば「運がよかったから」と分析している。もちろん、私なりにシステムの研究やトークの仕方などについて懸命に勉強し、努力もしてきたが、それにも増して幸運に恵まれたのである。

ビジネスの急成長にともなって、当然ながら生活も安定していった。気がつくと以前の幸せな日常を取り戻していた。

七　神人による理想社会の建設

破滅の平成二十年は地球再生の年でもある

本書の冒頭でも少し述べたが、平成二十年に日本が滅ぶということは、同時に世界も滅ぶということである。どういうことかというと、世界地図を見ていただくとおわかりのように、日本の国土の形は世界の形（五大州）によく似ている。つまり、日本は世界のひな型なのである。

このように、日本が〝世界のひな型〟といわれるのは、日本列島が世界の縮図（ひな型）になっているとみなす考え方からきている。

世界地図と日本地図をよく見比べてみると、世界の地形（五大州）は日本の五つの島と対応していることがわかる。すなわち北海道は北米大陸に、本州はユーラシア大陸に、四国はオーストラリアに、九州はアフリカに、台湾（かつては日本の領地だった）は南米に対応しているというわけだ。

実際に、日本と世界の地形を対応させた図（五大対応図）が、超古代の秘教的神道を伝える岐阜の某家から発見され、〝ひな型論者〟のよりどころになってもいる。

そうしたことから、日本に起きることは世界にも起きるし、日本の滅びは世界の滅びをも意味するというわけである。

日本が滅びていくにつれて全世界がこれに引き込まれていき、平成二十年の終息までに全人口の三分の一くらいが除去されるかもしれない。すでにその兆候が現れ始めている。今でも戦争やテロ、あるいは飢饉やえたいの知れない病気などでどんどん人が死んでいるということは、本当の意味の粛清が始まったことを意味している。

平成十三年九月に起きたニューヨークの世界貿易センタービルの爆破テロは、全世界の人々に衝撃を与えた。おそらく人類史上にまれにみる恐ろしい出来事として永遠に記憶に残るだろう。

テロの原因として宗教の違いをあげる人が多いが、私はそうは思わない。旧い社会体制が瓦解していくときは、こうした形で矛盾が噴出してくるからである。そのことは、これまでの歴史が証明していることでもある。これを回避する方法は、すべての人間が博愛の意識を持つこと以外にはない。

だが、残念ながら人間が肉的存在である限り博愛は持てない。なぜなら〝肉〟という固体は必ず差別をともなうものだからだ。そこに霊的なものとしての目覚めがなければ問題は解決できない。

すべての人が自分は霊的存在であり、霊的存在の頂点に神という存在があるということに気づき、目覚めたときに初めて博愛という意識が人類に芽生えてくるだろう。なぜなら、霊的なものは意識の深いところでつながっており、一体だからである。

それに対して、肉的なものは〝分離〟である。だから肉的なものをいかに追求しても、つまり人間がどんなに進化しても物質的な壁は絶対に破ることはできない。〝あなたと私は一つである〟という一体感と博愛の意識は、霊においてしかあり得ないからだ。

霊的自己に目覚めた人間、すなわち神人となった者が社会を構成すれば、一人ひとりが博愛意識を持った知的レベルの高い社会が実現し、この地球上に恒久平和を築き上げることができるだろう。

では、どうすれば人はそのような神人になることができるのだろうか。

ここで重要なことは、人類を〝神類〟に変えるための触媒となる者がこの日本から現れたということである。すでに述べたように、その触媒を通してまず日本人から神人となり、日本を中心として世界を救っていくことである。

それが、何度も言うようであるが、神のご計画である。

神はこの偉大なるご計画のもとに私を選んで育て、平成元年の元旦に私を宿り木として降臨された。

それは私を触媒として多くの人々を霊的に開花させ、神人にするためである。だから、触媒である私に絶えず接触することによって神のエネルギーを直接受け、自らの霊的成長と浄化をはかり、霊的エネルギーを増大していくならば、人は自ずと霊的自己に目覚めるようになるだろう。その目覚めた人たちが触媒となっていけば、そのうねりはまたたく間に世界中に伝播《でんぱ》していき、その人たちによって、やがて神の御意思にかなった新しい世界がつくられていくだろう。

「神人になる」とはどういうことか

では、「神人になる」とは、どういうことだろうか。

それは、霊的五感を開花させることである。簡単に言うならば〝直接、霊眼によって神を見ることができるようになる〟ということである。残念ながら、人類はまだ神をじかに見ていない。

これまで人類は己が神（霊的存在）であることを、宗教によって〝あなたは神ですよ〟と教えられない限りわからなかったが、霊眼が開けば自分の眼で神を見ることができるようになる。そうなれば、もはや宗教はいらなくなる。

なぜなら、宗教というのは神について教えるもので、神が見えるようになれば教える必要がなくなるからである。例えば、海外旅行に出かける前は事前にその国についてあれこれ調べるが、現地に着いてしまえばその必要はなくなる。それと同じようなものである。

神人になれば霊眼だけでなく霊的五感のすべてが開くので、今まで覚知しなかったものが理解できるようになる。具体的にどうなるかといえば、そのいい例が私である。生まれつき体が弱く、学業においても落ちこぼれであったが、成長のある段階で神が降りたことにより霊的五感が開花し、自分でも信じられないような大変化をとげることができた。いわば中身が根本的に〝構造改革〟されたのである。

私はすでに還暦を迎えているが、同世代の人々に比べて体力もある。多々の病気をしても回復がきわめて早い。また、徹夜の仕事や飲み過ぎなど、多少の無理をしても回復力がすぐれているので疲れを翌日に持ち越さない。

体力だけではない。その他の能力も同様に進化したおかげで、ビジネスにおいても、初めての経験であるにもかかわらず短期間で成功を収めることができた。今では経済的にも恵まれ、多くの人々に尊敬され、自信と誇りを持って生きている。

単に落ちこぼれであった者が大人になって社会で成功したというような例は世の中には山ほどあるが、私の場合はそういった変化とは知識レベルや行動レベルにおいてケタ違いと言わなければならない。いわば超越的な変化が起きてしまったのである。

自分の中にこのような変化が起きたのは、神につながることによって新陳代謝が良くなったからだと考えられる。新陳代謝が良くなることで、人間としての本来の姿を復活させることができ、その結果、病気やストレスに対して強くなれるのである。

言うなれば、神が降りて神人となった人間はまず病気をしない。また、普通の人に比べて老化の進行が著しく遅い。つまり、いつまでも若さを保つことができる。霊的な部分が発達することによって、新陳代謝が完全に行われるからである。

人間が病気になったり年をとったりするのは、新陳代謝が完璧でないために病気や老化の原因となる老廃物が体内に蓄積するためである。新陳代謝が完璧であれば老廃物がなくなるので細胞が若返り、病気にかかりにくくなるのは当然である。

昔に比べると人類は進化し神の時代に近づいていると言えるが、そのことは今の老人と二十年前、三十年前の老人を比べてみただけでもよくわかる。平均寿命が大幅に延びてきたこともさることながら、老化の進み方がかなり違っている。これからはその傾向がもっと顕著になってくるだろう。

老化の進行が遅れる理由の一つとして、神人となった者は霊的五感が開いているために食事にしても体に良いものか悪いものかわかるので、悪いものは口にしなくなるということがあげられる。体に良いものしか売れなくなれば、当然、生産する側もいいものを生産し出荷するようになるだろう。

これからは、食べ物ばかりでなく水も塩も、さらには空気までもきれいなものが求められていくようになるだろう。

今の人間（特に若い人たち）は良し悪しがわからないために、悪いものを平気で食べているが、わかるようになれば即、拒絶するようになるだろう。

神人になれば生老病死もなくなる

一般に、人間が生涯のうちで使う脳はどんなに使う人でも全体の一割にも満たないくらいで、あとの約九割は眠ったままと言われているが、肉体についても同じことが言える。肉体というのはもともと完璧な状態であるはずのものであるが、生活しているうちにだんだん新陳代謝がおとろえ、いろいろな病気になってしまう。特に現代人は、過労やストレスのために本来そなわっている肉体の機能を十分働かせることができない状態にある。

さらに、今の人間の肉体的機能は全体の二割くらいしか使われていないと言われている。だが、内なる霊的な力がよみがえれば肉体の機能が完全に開花して、人間が本来持っていながら使いきっていない大部分の能力を開花させることができるだろう。

日本や世界の各地に不老長寿の仙人伝説が残っているが、こういうことから考えると、それもあり得ないことではない。霊的な力が活性化してくれば眠っていた能力が開花してくるので、その結果、肉体もどんどん変わり、病気もしなくなる。たとえ病気になったとしてもすぐ治るからである。

そして究極的には、釈迦の言う〝四苦（生老病死という人間の根源的な苦しみ）〟からも解放されるようになる。逆に言えば、人間は霊的五感が開かれない限り生老病死の苦しみから逃れられないということである。

これらの苦しみは、実は人間の能力が完全に開花していないために起きているものである。残念ながら、仏教においても四苦の問題はいまだに解決されていない。

釈迦は〝一切は苦である（一切皆苦）〟と認識していた。

例えば、原始経典の一つである『雑阿含経《ぞうあごんきょう》』は、この点について次のように説明している。

「生老病死は苦である。嘆き、悲しみ、苦しみ、飢え、悩みは苦である。怨憎するものに会うのは苦である。愛するものと別離するのは苦である。求めて得ざるは苦である。総じて言えば、人間の存在を構成するものはすべて苦である」


人間が生きていくにはさまざまな苦があるが、中でもこの生老病死（四苦）は人間が肉体だけの存在である以上、必然的に生まれる苦しみであり、人間の根源の苦しみである。

釈迦の時代から二千数百年経った現在では、人類もだいぶ進化してきたために苦の問題はかなり解決されてきたが、それでも人間の根源の苦しみである生老病死の問題は解決していない。

しかし私は、人類はいずれこれらの苦しみから完全に逃れることができると思っている。どうすればできるかといえば、すでに述べたように神によって自分自身の霊的なものを開花すればよいのだ。

神とつながり神と一体となれば、自分の内なる神が発現する。そうすると、それまでふさがれていた霊的なものが出てくるので、霊主体従の原理により肉体的なものも引きずられて変化し、霊的五感が開花する。その結果、あらゆる苦しみからも解放されるようになる。

これが本当の意味での悟りであり、人間としての達成である。

神につながるというのは、神から何か物をもらうということではない。〝おもらい（ご利益）〟ではなく、神がその人の中に入り、その人自らが変わってくることを言う。神が入ることで中から変わり、能力が開花し進化していけば、その人はおのずと物質的にも豊かになっていくというわけである。

エデンの園（高天原）に戻れる日は近い

だが、四苦と言われるもののうち「生老病」の三つの問題までは解決できるとしても、果たして〝死〟という人間にとって最大の問題を解決できるのだろうか。それさえもできると私は思っている。

それは、人間が死なないという意味ではない。人間が肉体を持っている限り死は厳然として存在する。存在するが、死を直前に控えているときに、その人の霊的な意識が活性化していれば記憶は失われず、記憶をもったままあの世に行くことができる。そうすると次に生まれ変わるときは前世の記憶を持ったまま生まれてくるので、自分はなぜこういう状態にあるのか、今世で苦労しなければならない理由がはっきりわかる。わかれば納得がいき、無用な苦しみから逃れることができる。

苦しみの原因のほとんどは、前世の記憶がないためにそこから不安や不満が生じたものである。前世の記憶があれば自分の死の意味についてもわかるので、いたずらに死を恐れずに済む。もうおわかりだろう。死の苦しみから逃れることができるというのは、死の恐怖から逃れることができるという意味である。

人は死そのものを恐れるというよりは、死の意味を知らないためにいたずらに恐怖感を抱き、その恐怖感（観念）におびえているにすぎない。だから、死の本当の意味がわかればおびえる必要はなく、死の苦しみは消える。

死に際して、人は洋服を脱ぐように肉体を脱ぎ、次にはもっと若々しい肉体に入っていくのであるが、霊的己が開花した人はこのことがわかる。それゆえ死は恐ろしいものではなくなるのである。

人が病気をしたり老化したりするのは、洋服である体が壊れているためである。そんな肉体は早く脱ぎ捨てて、次にはもっと良い洋服を着たほうがいい。

われわれは、はじめは性能の良くない乗り物に乗っていても、勉強や修行によってだんだん良いものに乗りかえて（生まれ変わって）いく。乗りかえながら進化、成長していく存在である。

現世の勉強や修行というのは次のステップへ進むためのものであり、そういう意味で〝人は平等である〟と言える。しかし私は、来たるべき新しい時代は、人は生まれたときから前世の記憶をもって生まれてくると思っている。

また、新しい時代は社会構造そのものが根底から変わってしまうだろう。そうなるにはまだ三十年はかかるだろう。一気に変わってしまったら社会はパニックに陥ってしまうので、ジワジワと変わっていかなければならない。

今度の変革は、かつての産業革命や日本が敗戦ののち変わっていったようなレベルのものではない。人間が肉体を持ちながら常時〝神〟が現れるわけだから、そのスケールはまったく想像もつかないものになる。

そのような状態が生病病死から解放されるということであり、それこそまさに人類にユートピアが訪れるということである。人類がかつて放逐されたエデンの園（高天原）に再び戻れる日は、もうすぐそこまで来ているのだ。

日本の神道が時代を根元から変える

世界各地で失業者があふれている現在、日本でも相次ぐリストラなどで希望する職を得るのが困難になっている。しかし、「その人に能力さえあれば、どんな問題も乗り越えられる」というのが私の基本的な考えである。

私自身も何回も失業し、辛酸をなめてきた経験から、人の苦しみがよくわかる。だからこそ、そのように言い切れるのだ。

真智会の信者の中にも失業している人がいるが、私はその人たちにいつも次のように言っている。

「私だってもっと苦しい思いをしてきた。でも、私の場合は神につながることによってそれを乗り越えてきた。なぜか？　自分の中が変わってきたからだ。

よく聞いてほしい。神（霊的己）は外にあるのではない。あなたの中にあるのだ。その存在に目覚めさえすれば、あなたが本来持っている能力が開花し、あなた自身の力で今かかえている問題を解決できるようになる。

これが聖書にある〝人間がよみがえること〟であり、〝復活〟の意味である。それを精神世界の話と混同してもらっては困る。抽象的なことではなく、実に理にかなった話なのだ。

私に起きたことはあなたにも起きる。それも、私よりももっともっとすばらしいレベルで──。私はひな型にすぎない。私は神を求めているうちに強引に起こされてしまったが、あなたがたの場合は目覚めた人から連鎖反応式に起きていくだろう」

神とつながることによって能力が開花した代表的な例がユダヤ民族である。ユダヤ人は神を中に取り入れることによってすばらしい能力を開花させてきた。人間の能力さえ上がれば、人間のかかえる問題の大半は解決する。それをユダヤ人たちが実際に見せてくれた。

しかし最近思うことは、個人の能力を伸ばすための教育や社会のさまざまな体制が限界にきているということである。教育や社会体制がギリギリのところまできてしまい、閉塞状態に陥っている。

そういう意味でも、これからは社会全体が本質から変わっていくだろうし、変わっていかなければならない。現在は教育をはじめ、いろいろなものが瓦解しているが、それは時代的にそういう過渡期にあるからである。

そんな時代を根元から変えるのが日本の神道であり、神道こそはそのための宗教である。私が〝目覚めなさい〟とくり返しているのはそういう意味である。それしか解決の方法はない。

神人による変革の時代

何度も述べてきたように、自分を変えるのは努力だけでは無理である。修行でも無理である。もはやそんな時代ではない。新しい神の清らかな霊魂を受け入れて一気にみずからの霊魂が浄化されて変わるしかないのだ。

過去においてそれと同じことを釈迦が行い、キリストも行ってきた。今度は特別な個人ではなく、人類みんながそれをする番である。それが私からあなたへのメッセージでもある。

これも前に述べたことであるが、本来ならばキリストのときに人類が神を受け入れていれば、その時点で人類は変わり、今ごろは世界中の人々が神化を遂げていただろう。しかし、そのときキリストを受け入れなかったばかりに人類は神化のチャンスを逃してしまった。

それればかりではない。今やキリストの末裔たち（イスラム教徒もキリスト教もユダヤ教の流れなので同根）が地球を滅ぼそうとしている。

神は忍耐をもって待てるだけ待った。だが、もはやタイムリミットが来てしまった。キリストの有名な言葉に次のようなものがある。

天地は滅びるであろう。しかし私の言葉は決して滅びることがない。

~ルカによる福音書　21章33節

私は道であり、真理であり、命である。私によらないでは、誰も父（親神様）のもとに行くことができない。

~ヨハネによる福音書　14章6節

キリストがここで言わんとしていることは、自分（キリスト）を通じてしか神のところ（霊の世界）には行けないということである。究極的には自分を受け入れて初めて霊の世界に到達できるのだと言っているのである。

私は、キリスト教は日本の神道を証明するために存在すると思っている。その霊統は日本の神道に脈々と流れていると考えて間違いないだろう。そしてそれが二千年の時を経て、今よみがえろうとしている。そのことを皆さんもしっかり頭に入れておいてほしい。

我々は今、瀬戸際にいる

人類は、果たして神を受け入れて次の段階へとステップアップできるのか、それとも神に縁がなく、そのまま深き谷にまっしぐらに落ちてしまうのか、今はその瀬戸際にある。日本と世界人類の命運は真智会と、神に縁する人たちの働きにかかっているといっても過言ではない。

くり返すようであるが、今の社会システムを根本的に変えなければ人類の存続は危ういというところまできている。いったん大掃除が必要である。といっても、次の世界のビジョンがはっきりしていなければ大掃除にもならない。大掃除をしてしまったら、そのまま元も子もなく消えてしまいかねないからである。

大掃除といえば、太平洋戦争後の日本がよい例である。あのとき、日本には軍国主義から民主主義国家へという一つの体制移行のビジョンがあったからこそスムーズに移行できたのである。

今回の場合、次に移行すべき体制は何かといえば、言うまでもなく〝霊的社会への移行〟である。一人ひとりが霊的に目覚め、目覚めた人間(神人)たちによって新たな社会を築き上げることである。その中核になるのが真智会であり、真智会のメンバーを触媒にして、まずその日本人から目覚めていくことである。

先に私は、日本は神に選ばれた国であると述べたが、日本人が神に選ばれた民であるという証拠に、日本人は全般に霊に目覚めやすいという特性を持っている。だから、日本人全員でなくても一部の人間が目覚めるだけでいい。なぜなら、一部の人間が目覚めれば共通意識によって次々に目覚めていくからである。それがやがて人類全体の目覚めを促していくことになる。

一部の人間が目覚めればいいと言ったが、これは選別主義とは違う。というのは、あるところが育てば、放っておいてもそこから全体に影響を及ぼし、全体もそうなるからである。そして、それが本当の意味での救いである。

断っておくが、真智会が地球再生の中心的な役割を果たすからといって、真智会のメンバーがエリートであるということでは決してない。われわれはただ神の声に素直に聞き従い、自ら触媒になった者にすぎない。そういう意味では、この本を読んでくださっている皆さん方も触媒になることが可能であるし、ぜひそうなっていただきたいと願っている。

仕組まれていた神のシナリオ

これまでの私の半生を振り返ってみると、すべては神の計画であったように思う。というのは、私は貧乏な家庭に生まれ、小さい頃から病弱でコンプレックスを持って生きてきた。そんな私が自信を持って生きていけるようにと、神は若い頃の私に政財界の一流の人たちと交流させるという経験をさせてくれた。それだけでなく、葬儀社という仕事に関わらせて、人間の死にいく様を見つめる経験をさせてくれた。

また、教祖として人を導いていく役割を担わせるためには、あらゆる体験をさせなければならないということで、神は私に人間社会の底辺から一流までを知るという経験をさせて人間というものを観察させたのである。

それもこれも、自分がこれから教祖として、また経営者としてプライドを持って生きていくために必要なこととして神がなさったことである。

私が一流の人たちと交流していたときに思ったのは、〝一流の人は本当に腰が低い〟ということだった。まだ二十代の若僧であった私に、社会で功を成した人たちが頭を下げ、教えを乞う姿にも深い感銘を受けた。

だが今にして思えば、そうした人たちが頭を下げていたのは、この私に対してではなく、私の〝背後にいる方〟に対してだったのだ。彼らもその存在を感じ取っていたため、うやうやしい態度をとったにすぎない。

また、芸能界という華やかな世界の人たちとの交流を通して、そういう世界があるということも知った。変転の激しい世界における人間の欲望や悲哀といったものも見聞してきた。

それもこれも、私が神の宿り木にふさわしい者となるための修行であり、神が降りたときに、その神がどういう神なのかを理解させるための修行であった。そのためにこそ神は私にあらゆることを学ばせて、後の活動のための準備させてきたのである。私のこれまでの人生は、実にその一点のためにあった。

私が経験してきたことは、すべて神が準備されていたことであり、私は神のシナリオに基づいて動かされていたにすぎない。

私は普通の人が一生のうちで見聞きしたり、体験したりすることができないようなことを加速度的に体験させられてきたが、それは実に巧妙に計算された神のご計画であった。私はその計画にうまく乗せられ、動かされていたにすぎない。

そう思うと、私は神の深いはからいに対して畏怖を覚え、同時に心から感謝を捧げたい気持ちになる。

真智会の果たす役割

真智会は、地球再生の中心的な役割を果たすことになると私は信じている。だが現在、真智会の信者は数十名にすぎない。たったこれだけで、そんな大それたことが可能なのかと人は思うかもしれない。もちろん答えは「イエス」、可能である。

その根拠はこうだ。

例えば、芋虫が蝶になるときに必要な触媒はほんのわずかな物質である。それと同じように、人間が霊的開花を遂げるときに必要な触媒もほんの少しあればいい。本来、触媒というものはそういうものである。

だから、新世界建設のための核となれる真に目覚めた人が少数いれば十分である。私が日頃から「真智会の信者は少数でいい」と言っているのは、そういう意味である。本書を読んで真智会に参集していただくとしても、あとはほんの少数の精鋭だけで十分なのだ。烏合の集は必要ない。

歴史は本当に力のある少数の人間たちが変えてきた。今回も、神に選ばれた少数の人間が〝核〟となって輝かしい歴史の一ページを刻むことになるだろう。

核となる者たちの力がこのままついていけば、平成二十年の翌年、つまり平成二十一年は、ちょうど敗戦後の日本が昭和二十一年に根本的に変わったように日本は変わることになる。日本が変われば世界も変わっていくということは、これまで述べてきた通りである。

今度は霊的五感が開かれた人たちが出てくるので、その人たちの意識が人類全体に影響し、そこから新しい方向に転換することになるだろう。すなわち、それまでと価値観がガラッと変わるのである。

新時代建設には明確なビジョンが必要

終末論を説く宗教は真智会に限らず、古今東西、無数にあった。だが、旧時代が崩壊後、新時代への移行に際してのビジョンを明確に示している宗教はほとんどない。

どの宗教も、新時代移行後の再生において、「天国建設」「ミロクの世の建設」といった理想社会の建設をうたうところまでは同じであるが、多くは新時代建設のための明確なビジョンを持ち合わせていない。肝心な部分がベールに覆われているのである。

しかし私は違う。易学界の第一人者として長年活躍してきた私は、思いつきや想像で物を言う習慣を持ち合わせていない。私はかつての職業で身につけた習慣で、重大なことに言及するときは常に過去の膨大な統計と精緻な計算に基づいて発言する。あやふやな憶測では決して物を言わないことにしている。

その私が、「地上に天国を築かなければ取り返しのつかないことになる」とあえて断言するのは、完全なる神性を持つ科学文明と、それによる完全なる平和と科学を地球上につくらなければ、われわれの滅亡は避けられないところまできているという危機感と焦燥感があり、それが日々募っているためである。

われわれ人類は滅亡を選択するのか、それとも繁栄を選択し地上天国をつくるのか、そのギリギリまで追い込まれているのだ。今までずっと〝狼が来るぞ、狼が来るぞ〟と警告されてきたが、その狼がいよいよそこまで来ている。

目の前に狼が来て、われわれを頭からムシャムシャと食らおうとするとき、狼の口の中に入ってしまうのか、それとも今すぐ狼のいない平和な社会をつくるのか、どちらかを選択しなければならない時期にきている。

今こそ人類は理想社会をつくらなければならない時なのだ。科学者、文化人、ましてや政治家などにまかせていても何も起こらない。われわれ一人ひとりがそういう意識に立つことこそが大切である。この時期に私の最高神が降臨したのはそのためである。

開かれた秘教教団

真智会はいわゆる〝秘教教団〟である。

といっても、隠れキリシタンのように存在自体をも秘密にするわけではない。その証拠に、教義の内容もオープンにしている。なぜ秘教教団なのかというと、縁ある人しかその教義を理解できないし、入会することができないからである。

私は真智会発足当時から、この教団を大教団にするつもりはなかったし、大々的に布教する必要もないと言ってきたが、その大きな理由は、神に縁のある者しか霊的なものを開花することができないからである。

断っておくが、私に神が降臨したからといって、私は真の意味での神人ではない。なぜなら私自身、霊的五感が完全に開いているとは言えないからだ。平たく言えば、私は〝非常勤の神〟であり、神が降りてこないときは高村博山という一人の人間にすぎない。教祖は触媒ではあっても、神でもなければ神人でもないのだ。

今後、私の霊的五感が完全に開いたときに初めて私も神人となることができるだろう。そういう意味では、弟子の中からも本当の神になる者が現れると思っている。

現在、真智会の者たちにしても、霊的五感を覚知するところまでは開いていないが、私と接触しているうちに霊的なものが加速度的に開いていることは確かである。

黙示録の中に、〝神の生ける刻印を押された者は死なない〟と記されているが、それは簡単に言えば、刻印を押された者はあらゆる災難から守られるということである。守られるという意味の中には、自ら危険を察知できる力がそなわっているということも含まれる。つまり、霊的五感が開いているために自分の中の神がすべてを知っているので、一般の人たちと同じ条件で災難に遭ったとしても、いち早く危険を察知することができるのだ。また、肉体にしても疫病などに対応できるように変化してきているのでかかりにくい。その結果、災難から守られるというわけである。

生ける神の刻印の〝生ける神〟とは何かというと、文字通り〝生きている神（生き神様）〟のことである。生ける神の刻印は、神とじかに接触しないことには押してもらえないので、その意味からも真智会の存在は特殊であり秘教教団であるといえよう。

旧い時代は去り、新しい時代が到来する。そして新たな復興が始まる。

復興の前にはいったん壊滅状態を通過しなければならないが、私は真智会の者たちには、「これは手術と同じだから歯を食いしばって耐えなくてはならない。どんなに苦しくても絶望することなく、強い信仰を持って乗り越えれば、やがて輝かしい時代の先導者となっていくことができるだろう」と呼びかけている。

神とともに喜び楽しむ

今後、真智会の担う役割は重大だ。だが、信者さんたちの表情にはその重圧感は感じられない。信者さんたちはみな明るく、喜びに満ちている。一人ひとりが生かされていることへの感謝を全身で表現しているように見える。

「神はこの世に遊びに来たのである。神だけではない。人間もこの世に遊びに来ているのだ」

これは私がいつも信者さんたちに言っていることである。人間は苦しむために生まれてきたのではなく、人生を楽しむためにこそ生まれてきているのだ。

神は完成された存在だから、貧乏神や厄病神がいるのはおかしい。醜い神様がいるのもおかしい。神様というのは豊かで美しく、健康ですばらしい存在でなければならない。

それに、神様は楽しいことが好きである。当然、お祭り大好き。お祭りとは神と人がともに楽しむことである。それゆえ、お祭りには生きる喜びがある。生きていることへの感謝と明日への希望がある。

そもそも、苦行は神が強いたものではなく、経典を解釈した者たちが強いたものである。神は本来、楽しいことが好きなのだ。ともに楽しみ、命を輝かせる。それが神の望んでいることである。そういう意味でも、神に臨むスタイルは日本がいちばんだと思う。

というわけで、真智会では、ことあるごとにお祭り（イベント）を行っている。何のためにするかというと、もちろん神とともに楽しむためである。きちんと参拝を終えたあとは、皆で大いに楽しむ。毎回毎回どうやって楽しもうかと、みんなで膝を寄せ合い、あれこれ趣向を考えるのも楽しみの一つである。

神と人の心が一つになるとき――それが祭りである。

八百八柱の神の姿

祭りのときはいつも神がいっしょにいますという気持ちと、感謝の心を持つ。それが信仰であり、そのための信仰である。

宗教は何のためにあるのかというと、〝安心立命〟、つまり不安や心配事がなくて安らかな心で天寿をまっとうするためである。宗教は決してしかめ面をして難しいことを考えたり、苦しい行を強いるところではない。そんなものは宗教でも何でもない。

宗教とは本来、明日に希望を持って人生を楽しく明るく生き、幸せになるためのものでなくては意味がない。

健康にもお金にも恵まれて、感謝と希望を持って毎日を生きられること。それがすべてであり、幸せとはそういうものである。

喜びはすべてを感謝に変えていく。人間は喜び楽しむことによって健康になれる存在である。

宗教は人生をより楽しむためにこそあるのだ。

いい意味で真智会は快楽主義である。皆で楽しむことを第一と考えているからだ。苦しい思いをしてもいいことは何もない。苦しみはストレスになり、健康を損ね、人を短命にする。白髪が増え、しわも増え、老け込ませてしまう。

私のまわりに集まる人たちの中には、はじめは暗い顔をしていた人もだんだん笑顔を取り戻し、あらゆることを心の底から楽しめるように変わっていく。

私も祭りの企画に加わり、信者さんたちといっしょになって楽しむ。そんなときに撮った写真には、いつもたくさんの「オーブ」が映る。「オーブ」とは、空中に泳ぐ神の御魂《みたま》である。ふだんは肉眼で見ることはできないが、写真を撮ると、シャボン玉のような半透明の丸い玉として映ることがある。オーブは神々が集まった状態であり、それが映るということは神々が喜んでいる証拠である。

オーブが増えてきたのはごく最近のことで、昔はほとんどなかった。それほど、現在はこの世とあの世（霊界）との壁が薄くなってきている。これからは、その壁はもっと薄くなっていくだろう。今はそういう時代なのだ。

ただ、それをどう動かしていくか、すなわち破滅にもっていくのか再生にもっていくのかという重大な分岐点は、口はばったいようだが、われわれ真智会の一人ひとりの肩にかかっている。

平成十五年より「人類救済の根本道場としての神殿建設をせよ」とのご神示

平成元年に那須の地に別荘を建てるつもりが、図らずも神がこの世に降臨するための〝神殿〟が完成してしまった。完成までの不思議ないきさつについては本書で述べた通りであるが、そもそも神殿建設というのは神示なので、すべては人智を超えたところで進められていくものである。

また、神殿が完成したからといって、神がそれを末長く用いられるとは限らない。那須の場合などは、神が降臨の場として用いるためだけのものであった。

さて、那須の地で神が降臨された後、私が精神病院に収容され、神と人間の意識の調整を行っている間に、那須の神殿は妻によって売却されてしまった。このことはいたしかたのないことだったと思っている。なぜなら、妻は医者より「ご主人の病気は一生治りません。生涯精神病院暮らしになるでしょう」と宣告されていたからである。

しかし、私が三年後に奇跡的な復活を遂げて退院してからは、神様は自宅の仮神殿を中心に新たなる人類の救済のお働きをされるようになった。だが、真の神様のための神殿も無かったために、いよいよ人類滅亡の瀬戸際の平成十五年というときに、神は新たな神殿を用意されたのである。

今から思えば、新しい神殿もすべて神のご計画のうちに進められ、完成したのであった。完成に至るまでのドラマティックな出来事の数々は、那須の比ではなかった。簡単にご紹介すると、以下のような経緯である。

真智会の活動を再開した頃、私はマンション住まいで、神殿は別のところに借りていた。神様より新たな神殿建設のご神示をいただいたのは、前著を出版した平成十五年の晩秋であった。その年は、私が還暦を迎える前年、つまり前厄にあたっていた。ということは、完成は翌年の本厄の年ということになる。

神様は、私の厄年に新しい神殿をつくれと言う。果たして間に合うのか。しかし、ご神示は絶対である。私は、さっそく行動を起こした。

真智会や私個人の状況から見て、建物としては一階を神殿、二階を私の住まいにする必要があった。できれば今住んでいるところの近くがいいし、それも駅のそばがいい等々。そんな条件を満たす物件をあちこちの不動産を訪ねて探し回ったが、なかなか適当なところが見つからなかった。

そうこうするうちに平成十五年の晦日を迎えてしまった。焦りはあったが、私は気分を変えるために小旅行に出た。旅先で新年の三が日を過ごし、心機一転、気持ちも新たに再び探し始めた。

そうして、たまたま飛び込んだ小さな不動産屋で、運命の物件と出合ったのである。

こちらの条件を告げると、その不動産屋も、「そんな条件に合う土地なんて、こんなところにはありませんよ」と、最初は首を左右に振っていた。これまで訪ねた不動産屋とまったく同じ反応である。

「そうですか、やっぱり……。それじゃあ、また」

と言って表に出たとき、はす向かいの白い二階建てのビルに「売り家」の看板が下がっているのが目に入った。建物の大きさは申し分なく、しかも駅のそばである。

あわてて、今出たばかりの不動産屋に戻り、

「あそこに売り家と書いていますが……」

と聞くと、

「ああ、あれは売り家です。ウチがやっています」

ということであった。

「そうですか、ちょっと見せてもらえませんかね」

と言うと、「どうぞ、どうぞ」と案内してくれた。

そのビルは一階が倉庫になっていて、急勾配の階段があった。土地は六〇坪あり、台形をしていた。内部を見て回っているうちに、私はすっかり気に入ってしまった。

「うん、悪くないな。……で、値段的にはどうなんだろう」

と思い、聞いてみると、駅前ということもあって坪当たりの単価はけっこうな額だった。土地代に改装費を加えると、予算を軽くオーバーする。できるなら予算内でおさめたい。

「ちょっと高いな。もう少し勉強できませんかね」

「お客さん、とんでもないですよ。これ、十二月までは坪当たり今より二万円も高かったんですよ。しばらく売れなかったんで中に手を入れたんですが、それでも売れないんで、つい昨日下げたばかりなんです」

「う～ん、そうですか。……ところで、ここの住所はどうなっていますか？」

「〇〇町七七番地です」

「ええっ、七七ですって？」

私は思わず聞き返した。そしてその時、ここはどうしても買わなくてはならないと思ったのである。なぜなら、七という数字には特別な意味があったからだ。

言うまでもなく、数字の一は最高神「アメノミナカヌシノカミ」、二は「タカミムスビノカミ」、三は「カミムスビノカミ」(これら三神を「創造三神」という)、四は「アメノトコタチノカミ」、五は「クニトコタチノカミ」、六は「イザナギ」、そして七が「イザナミ」を表す数字である。つまり七という数字は、人間がはじめて神になるための数字なのである。昔から七という数字は「ラッキー・セブン」とも呼ばれて尊ばれてきたことは、周知の通りである。

事実、神様は以前から、「神殿を建てるにあたり、いよいよ人間の世界に入ってくる」と言われてきたが、いよいよそれが始まろうとしているのだ。一から始まって五になったので、それまで真智会ではすべて五神で参拝してきた。私が中央に座ってアメノミナカヌシノカミ、左右に二人ずつ座った巫女さんたちにタカミムスビノカミら四神をお降ろししてお祭りをしてきた。だが、これからは「七」だ。それもダブルの「七七」である。これこそ神様がご用意されたものだ。命に替えても手に入れないわけにはいかない。

ということで、迷わず売買契約書にハンコを押した。

君子、南面す

驚くのはまだ早かった。不動産屋からもらった登記書を後でよく見てみると、床面積がなんと、七七・七七平米なのである。ゾクッという感覚が背筋を走りぬけた。鳥肌が立つというのは、こういうことを言うのだろう。

しかも、である。そこは台形の土地になっており、真南に向かって開いている。南は方位的にもいい。加えて、周辺の地図を見ると、家の正面からの延長線上には全国的にも有名な神社が鎮座しているのだ。その神社から見れば、この家は真北に位置しており、その参道が家の前まできているということになる。

方位的にも南を向いているのがいいというのは、昔から「君子、南面す」という言葉があるように、「君子」、つまり重要な役割を担った人物は北に座り、南を臨むとされている。そのため、たいていの神社が、拝殿は大きくて立派であるが、神殿は小さくて地味で、しかも必ず北にある。

身近な例で言えば、家康の遺言によって建てられた日光東照宮がそれである。家康がわざわ

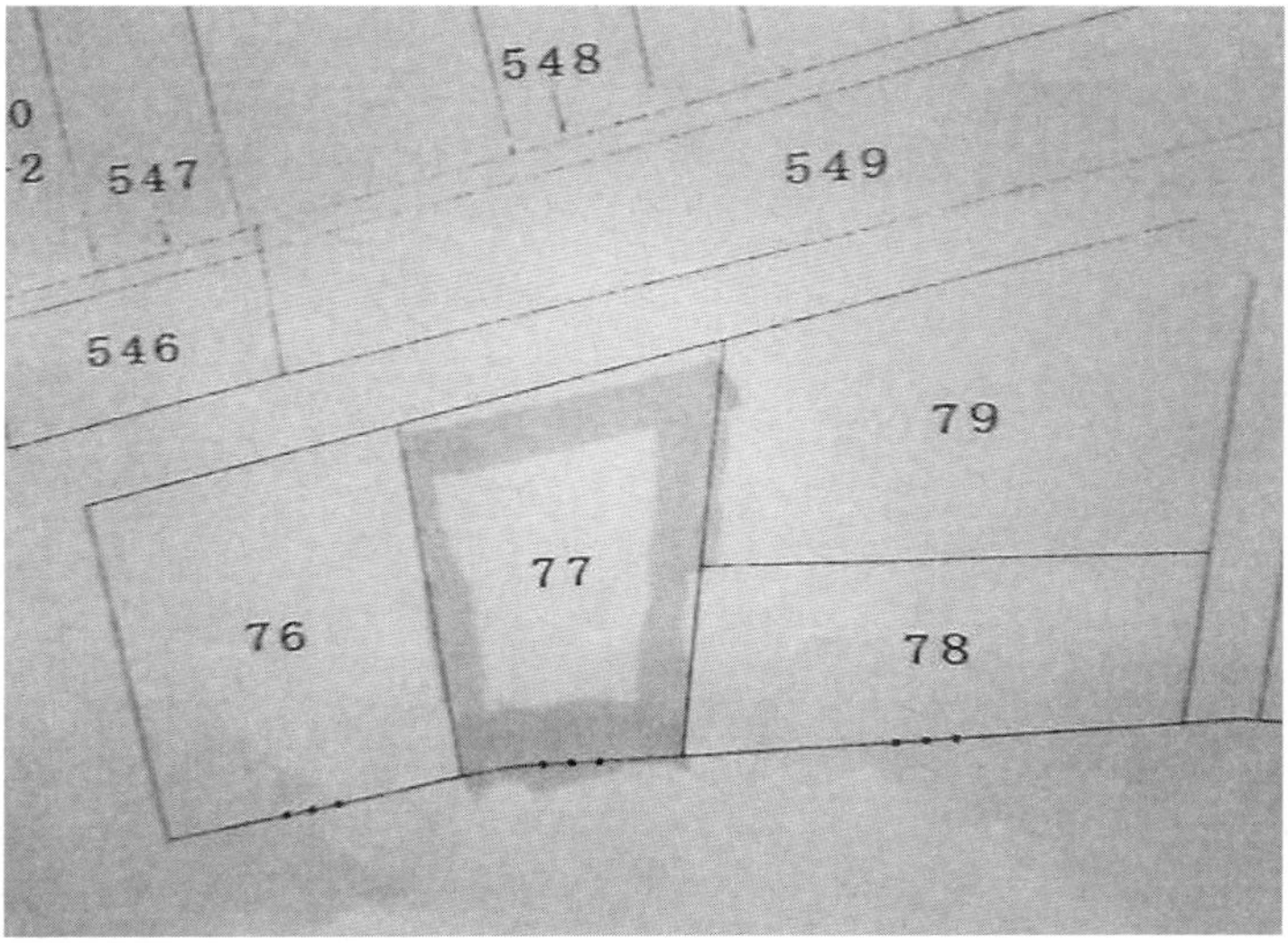
548
547
549
546
79
77
76
78

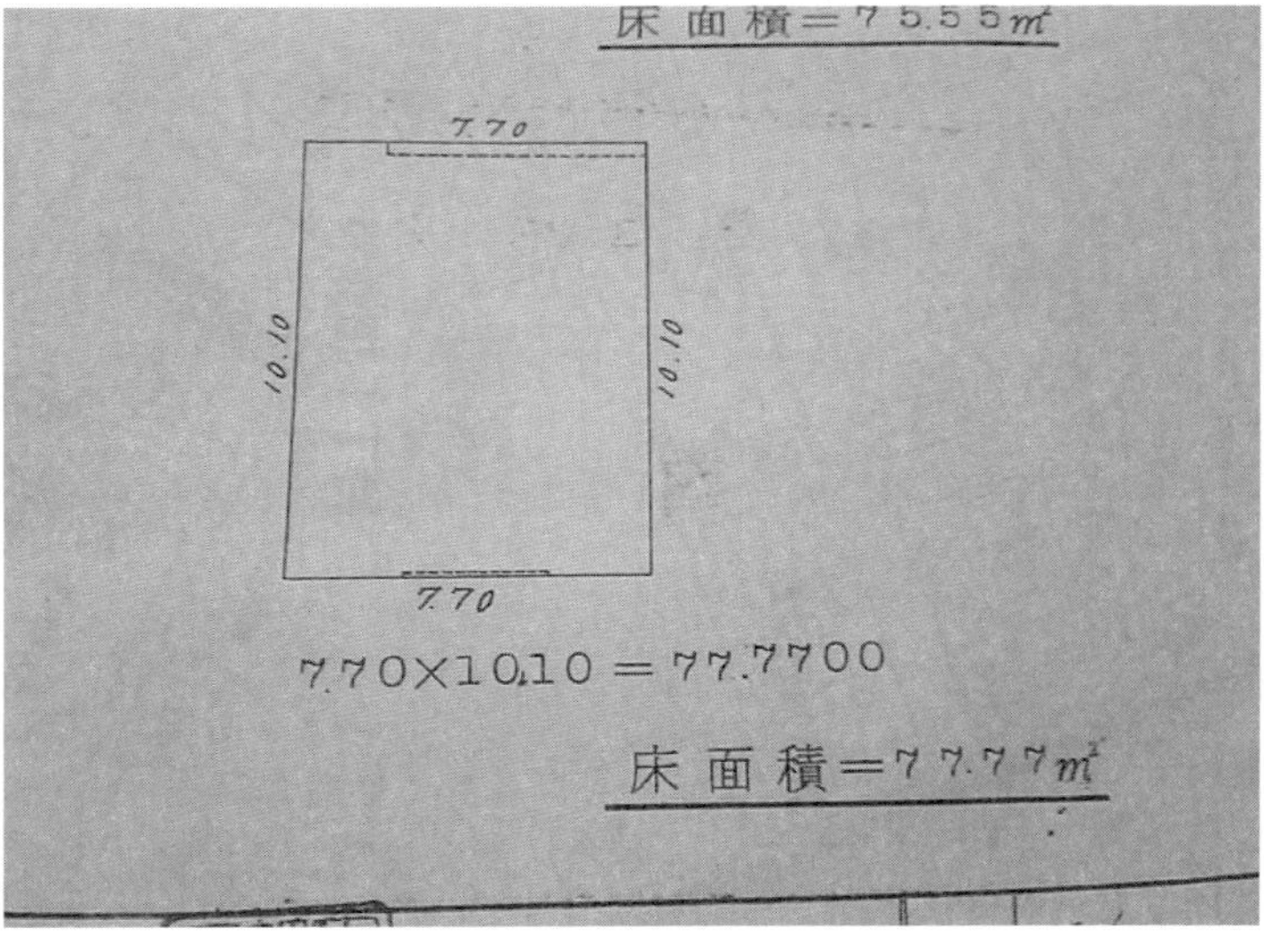
床 面 積＝7 5.5 5㎡
7.70
10.10
10.10
7.70
7.70×10.10＝77.7700
床 面 積＝7 7.7 7㎡

ざ日光などいう辺鄙《へんぴ》な山奥に建てるように命じたのは、自分が神となって南に望む江戸城を永遠に守りたいという思いを形にしたものである。こうした例はその他にもたくさんある。「命に替えても」という気持ちで入手した物件だけあって、話はトントン拍子に進んでいった。しかし、実際に建物に手を入れる段階になって、さまざまな問題が浮上してきた。

一階の倉庫は神殿には狭すぎた。そこで奥の部分を増築しようと考えたが、すでに建ぺい率ギリギリに造られていたので厳しいところがあった。だが、ここは無理を承知でやるしかなかった。やるからには満足のいくものにしたかった。

私はすべて木造でやりたいと考えていた。「ヘーベル」と言われるRC工法が好きだったので、それでやりたかった。おしゃれで軽いし、見栄えもいい。また、できればベランダは残しておきたかった。いろいろ考えていると、ああしたい、こうもしたいという要求が次々に出てきた。が、問題は予算内でやってもらえるかどうかだ。

さっそくいくつかの工務店を訪ねて打診してみたが、やっぱりと言うべきか、「お客さん、いくらなんでも無理ですよ」と、ことごとく断られてしまった。

困ったな、どうしたものかと思案しているときに、「いい工務店を知っています。そこならご要望通りやってくれるでしょう」と言って、新しい工務店を紹介してくれた方がいた。前著『平成二十年、危機が訪れ、人類は淘汰される』を読んで真智会の活動に共鳴し、それ以来われわれの同志になってくれた信仰篤い人である。

これぞ〝神業《かみわざ》〟

その工務店主は、私の言うことに黙って耳を傾けていたが、一呼吸おくと、「わかりました。全部ご要望通りやりましょう」と、二つ返事で引き受けてくれた。そして、「ヘーベル工法ですか？　いいですよ。それでやりましょう」と、私の好みにも快く応えてくれたのである。

また、「何が何でも七月七日の神殿開きに間に合わせてもらいたい」との、こちらの要望は無謀といえば無謀であったが、それも「いいでしょう。必ず仕上げます」と、頼もしい返事が返ってきた。

気がつくと、その年も桜のシーズンを終え、五月の連休を目前に控えていた。工務店主は期限内に仕上げると保証はしてくれたが、素人の私にしてみれば、「本当に大丈夫かな？」という一抹の不安もないわけではなかった。しかし同時に、「すべては神様のご計画だ。神様がうまくやってくださるだろう」という信頼感もあった。

果たして、仕事にかかると、店主は腕利きのスタッフを掻き集め、一気にやってくれた。その手際の良さといい、仕上がりのすばらしさといい、何もかもが見事というほかなかった。

増築・改装工事とはいえ、骨格となる鉄筋だけを残して全部やり替えたので、実質的には新築とほとんど変わらない。早い話が大変な工事であった。工事中にはオーブがバンバン飛び交っていた。神が喜び、力を貸してくださっていたのだ。

結局、五月の連休前に着手し、約束通り、七月七日までに完成させてくれた。その間、わずか二カ月。これだけの工事を、である。まさに〝神業《かみわざ》〟であった。

神殿に続いて、二階の私の住居部分もやってもらった。天井を上げ、ベランダのガラス戸も数十センチ移動させるという大仕事であったが、半年以内で完成させてくれた。しかもすべて予算内でやってくれたのである。

神殿開きは七月七日

かくして平成十六年七月七日、念願の神殿開きを、厳《おごそ》かに、かつ滞りなく執り行うことができた。

神殿内の張り詰めた空気の中に、芳しい木の香りがかすかに漂い、厳粛な雰囲気をいやが上にも高めていた。礼拝の後はみんなで祝膳を囲み、この日を共に喜び、和気あいあいの楽しいひと時を過ごした

那須のときもそうだったが、よく考えてみると、今回も神がわざわざそういうものを用意しておいてくれていたのだ。

このビルの前のオーナーには気の毒だが、倒産して競売にかけたからこそ、相場よりはるかに安く買うことができた。なおかつ中古だったから、壁だけ残して全部壊し、こちらの希望通りに増築することもできた。これが新築だったら、とても神殿は建たなかっただろう。新築だと、まずこのビルを壊して更地にし、そこに新たに建てることになる。とても、そんな費用も時間もない。

ご神示があってから完成するまでの間、普通では考えられないような奇跡の連続であったが、これも平成二十年を乗り越えるためのものであった。すべては神のご計画通りだったのである。

これからいよいよ霊界の大規模な浄化が始まる。低下してしまったエネルギーを高める作業の開始だ。いろいろな困難が予想されるが、何としても遂行していく。それが神様のご意向である。

この神殿が建ってからも、世の中は良くなるどころか、ひどくなるばかりである。霊界の濁りがますます強くなり、このままいくと平成二十年の大峠を越えることが難しくなってきた。だが、指をくわえて破滅を待っているわけにはいかない。何としても乗り越えなくてはならない。そのために私はこの本を出版し、世の中に訴えているのである。

この本を読んで心を動かされた方は、ぜひ真智会に参集してほしい。そして浄化の戦いに参加してほしい。前回の本を読んで集まってくれた先輩たちも待っている。みな知的で信仰心の篤いすばらしい人たちばかりだ。ここでみんなで心を合わせ、日々浄化の神事を行っているが、今の状況を見ると、さらなる力が必要だ。心ある人たちの清らかなエネルギーが、もっともっと必要とされているのである。

おわりに

日本は戦後の復興も目覚ましく、世界第二位の経済大国にまでなった。だが、これからは経済面の追求はひとまず休息し、精神的に豊かな宗教国家となっていくだろう。

本文でも触れたように、平成二十年に迎える地球規模の大転換に際し、真智会の会員を中心にして日本人が次々に〝神人〟となっていくことで世界が変わり、やがて日本は霊的世界のバチカンのような存在になるだろう。すなわち、神人を中心とした宗教立国となり、世界中から人々が日本に参拝に訪れるようになる。

世界の聖地となった日本では、光（神）が見えるために、日本に来るだけで人々はどんどん覚知するようになる。そのため、放っておいても世界中から人々が押しかけてくるようになる。そうなれば宗教がなくなるので、民族紛争や宗教戦争はもとより、あらゆる摩擦や衝突もなくなって世界に本当の意味での平和が訪れるだろう。

こんなことを言うと誇大妄想のように思われるかもしれないが、私はそれを単なる絵空事とは考えていない。そのような社会が訪れることを確信しているし、その実現のために日々行動している。

本文でも再三述べてきたが、人類はこのまま滅びに至るのか、それとも永遠の命に移行することができるのか。それは、ここ数年の間に一人ひとりが霊に覚醒するかどうかにかかっている。

もしそれが失敗すれば、人類はこのままいがみ合って滅びてしまい、次の世界は再びゼロから出発しなければならなくなるであろう。失われた文明として知られるムー文明やアトランティス文明がたどった運命を、再び今回もたどることになる。

過去において人類は幾たびも最終段階にまで到達していながら、最後の最後のところで失敗し、滅んでいった。芋虫は最後の羽化の段階で失敗し、蝶になれずに死んでいったのだ。

今回も過去の轍《てつ》を再び踏んでしまうのだろうか。

いや、今回は今までとは状況がまったく異なっている。なぜなら、神は私を選んで教育し、しかるのちに降臨し、今この日本の地に臨在しているからである。

最後に、もう一度断っておきたい。それは、私が本書の中で語った内容は、すべて私を通して〝神が語られたもの〟である。

本書の内容は、一般の常識からはかけ離れた部分も少なくない。違和感を覚えた方もいるかもしれない。その主たる理由は、これまでの多くの宗教書はそれを書いた人間（著者）の目を通して書かれているが、この本は私という個人の目を超え、〝神の目〟を通して語られたものであるからだ。その点を踏まえて読んでいただければ幸甚である。

ちなみに、本書の内容についてご質問のある方、個人的に相談したいことがある方は、添付の「読者アンケート」ハガキをご参照いただきたい。

著者プロフィール

高村 博山(たかむら はくざん)

1945年生まれ。大学時代より神秘学に傾倒。20代に東洋・西洋の運命学を修め、財界、芸能界などの顧問鑑定士となる。
30代に覚醒を求め、インドや日本の行場にて霊的修行に励む。
42歳のとき、那須の神殿にて根本神の降臨を受け、生ける神となる。以来、霊的集団を形成し、神の意思に基づいた人類の救済を行う。

「黙示録」最終章

2007年 4 月12日　　初版第 1 刷発行

著　者　　高村 博山
発行者　　韮澤 潤一郎
発行所　　株式会社 たま出版
〒160-0004　東京都新宿区四谷4-28-20
電話 03-5369-3051(代表)
http://tamabook.com
振　替 00130-5-94804
印刷所　　東洋経済印刷株式会社

乱丁・落丁本お取り替えいたします。

ISBN978-4-8127-0118-8 C0011